Grete Weil · Generationen

GRETE WEIL

GENERATIONEN

Roman

Benziger

ISBN 3 545 36373 2

Auf der vereisten Straße war ich ins Rutschen gekommen, verlor das Gleichgewicht, versuchte, mich mit der rechten Hand abzustützen, hörte es knacken, spürte einen großen Schmerz, blieb liegen, die Freunde, die bei mir waren, hoben mich auf. Der Schmerz ebbte ab, die Hand wurde dick, es war, als ob um das Gelenk eine schwere, zu enge Fessel läge.
Mit dem gegipsten Handgelenk kann ich weder schreiben noch autofahren. Das ist ein großer Einbruch in meinem Leben, ich bin aus dem Rhythmus gekommen. Da in diesem Winter ungewöhnlich viel Schnee liegt, kommen kaum Freunde zu mir heraus. Und Hanna, die mit Thomas oben im ersten Stock an etwas schreibt, von dem ich nicht weiß, was es werden soll, immer nur in Andeutungen höre, ein Feature, kein Feature, ein Buch über Thomas' Vater, nein, über Thomas selbst, eine Art Analyse oder vielmehr der Nachtrag zu der Analyse, die er eben hinter sich hat, Hanna ist wie immer, wenn sie arbeitet, besessen und unansprechbar. Ich bleibe allein, so allein, wie ich seit mehr als fünfzig Jahren, als ich einige Monate völlig einsam in London verbrachte, nie mehr gewesen bin. Nur mit dem Unterschied, daß ich damals, körperlich unbehindert, jeden Tag viele Stunden durch die Stadt streifte, die ich liebte und

bald sehr gut kannte, eingesponnen in die Zukunftsträume eines jungen Menschen, der ein ungeheures Leben vor sich sieht in einer Welt, die ihn, gerade ihn, erwartet.

Oft werde ich von Hanna und Thomas aufgefordert, mit ihnen zu essen. Dann unterhalte ich mich mit dem jungen Thomas, der mir liebevoll das Fleisch schneidet, und Hanna, in sich versunken, sitzt schweigend dabei. Denkt sie wirklich nur an die Arbeit, oder haben wir uns nichts mehr zu sagen? Ist unser dreißig Jahre währendes Gespräch zu Ende? Abgerissen, zerstört durch Moni, dadurch, daß Moni da war, und dadurch, daß Moni fort ist. Durch mein Alter? Meine Schwerhörigkeit? Ich weiß, wie nervös andere reagieren, wenn ich etwas nicht mitbekomme. Dann empfinde ich mich als stumpf und glanzlos, bin ein Automat, durch den die Münzen hindurchfallen, ohne zu greifen. Ist die Zeit vorbei, in der ich mit Menschen habe leben können?

Ich bin außerstande, Ruschko, Ruschkili, den Dalmatiner, der mein Leben stärker als alles bestimmt, über die schneeglatten Straßen an der Leine zu führen. Hanna fährt mich jeden Mittag die paar hundert Meter zum Wald und holt mich wieder ab, auf die Minute genau, wir sind beide pünktlich, doch die Strecke ist zu kurz, um mehr zu sagen, als daß das Wetter gut oder schlecht ist.

Im Wald läuft der Hund frei, ich gehe am Stock, um nicht wieder zu stürzen, die Gipshand zwischen die

beiden obersten Mantelknöpfe gesteckt, mühsam das Gleichgewicht haltend, tastend über vereiste Wege. Komme erschöpft nach Hause und lege mich, zu müde, mich auszuziehen, ins Bett. Mein Zufluchtsort. Der schönste Platz der Welt. Drücke den Kopf in die Kissen, räkle und strecke mich, brauche keine Kraft mehr, mich aufrecht zu halten, kann mich fallen lassen in große Tiefen. Probiere eine neue Rolle, probiere mein Sterben. Nehme Todesangst vorweg, Auflösung, leide und akzeptiere das Leiden.
Versuche ich aber, das Nichtmehrsein zu begreifen, stoße ich mich wund an dem Unvorstellbaren. Sterben ist simulierbar, Totsein nicht. Ich fürchte mich, lehne mich auf. Aber es gibt auch Glücksmomente, in denen ich mich geborgen fühle, dann bin ich zufrieden, brauche für das Nichts keinen Namen und keine Hoffnung. Sinke in Halbschlaf, bin wieder daheim bei den Eltern, ein Kind, geliebt und verhätschelt, trotzig, widerborstig, doch niemals abgewiesen. Das beste, das schönste, das klügste, wie es in den meisten jüdischen Familien nur beste, schönste und klügste Kinder gibt, der Wall, der seit urlanger Zeit um sie gebaut wird, sie vor der bösen Außenwelt zu schützen. Aus dem Halbschlaf schrecke ich auf, schweißüberdeckt. Liege auf einer Pritsche in Auschwitz, auf der ich nie lag, und höre eine Stimme gleichgültig Nummern herunterleiern. Der Herzschlag setzt aus.
Je weiter Auschwitz entfernt ist, desto näher kommt es, die Jahre dazwischen sind weggewischt. Ausch-

witz ist Realität, alles andere Traum. Nicht Mauthausen, wo Waiki ermordet wurde und ich mit ihm, das Entsetzen hat sich vom eigenen Schicksal verlagert auf das der vielen. Auschwitz ist Chiffre, kein Ort auf der Landkarte. Meine Nerven reagieren auf jede Gewalt, Menschen, ihre Mörder, eine sadistische Meute beamteter, uniformierter Peiniger. Eltern, die ihre Kinder quälen, Eheleute, die sich langsam erwürgen, Gemetzel mit Bajonetten, Peitschen, Elektroden, Wörtern, in Folterkellern und guten Stuben.

Es verfolgt mich. Ein Interview mit dem uralten, fast blinden Rubinstein, angekündigt von der Fernsehansagerin, die ihre Stimme auf tiefe Ehrfurcht umgestellt hat: der Größte, der Bedeutendste. Voll Wut und Schmerz denke ich: Und wenn er in eurer Reichweite gewesen wäre, hättet ihr ihn ins Gas geschickt und vorher geschlagen, getreten, gequält, den Größten.

Hanna läßt mich allein. Sagt obenhin, wenn ich erzähle, daß mir letzte Nacht die Hand wehgetan habe: Schmerzen sind Privatsache. Ich weiß, daß ein gebrochenes Gelenk nur lästig ist und wieder heilt. Meine Krankheit heißt Auschwitz, und die ist unheilbar. Ich habe Auschwitz, wie andere Tb oder Krebs haben. Bin genauso schwer zu ertragen wie alle Bresthaften. Die Krankheit verläuft in Schüben, die Schübe werden häufiger, nehmen an Schwere zu. Alkohol und Schlafmittel könnten lindern, ich mag beides nicht, will meinen klaren Kopf behalten, möglich, daß ich mir Linderung nicht wünsche. Ich kann vor meiner Krankheit nicht davonlaufen, nur daran sterben.

Das Land, das ebenso zerstört ist wie ich selbst

Rückkehr aus der holländischen Emigration nach Deutschland, der Droge, vor der ich mich fürchte, die ich schlürfe, die Heilmittel sein kann oder Todestrank.

Gehen durch Ruinenstädte, durch graublaue, graurosa, graugelbe, grauschwarze Schleier, durch säuerlich stumpfen Verwesungsgeruch, durch Trümmerfelder, unter denen die Leichen liegen. In überfüllten Zügen fahren, stehend oder zwischen anderen auf schmalen Holzbänken eingeklemmt, Berührung mit Menschen, die für mich unberührbar geworden sind; endloses Warten, manchmal im Abteil, manchmal draußen in eisiger Nacht, wenn die Wagen durchsucht werden. Der Überheblichkeit der Sieger ausgeliefert, zu denen ich gehöre, aber nicht gehören will; auf dem Schwarzmarkt ein halbes Pfund Butter ergattern, nicht mehr rauchen, weil ein Päckchen Zigaretten hundert Mark kostet, die ich dafür nicht ausgeben kann.

Zusammen mit Urs, dem Jugendfreund, der Regisseur geworden ist, von einer Stadt zur anderen ziehen, in der Zeit der großen Hoffnung, aus der alles werden kann, aus der nichts geworden ist.

Warten in seinem Regiezimmer nach jeder Premiere,

warten auch nach den Meistersingern, die wie alle Opern am Nachmittag gegeben werden und um sechs Uhr zu Ende sein müssen, weil die Amerikaner das Theater am Abend beschlagnahmt haben. Statt Urs, der noch auf der Bühne beschäftigt ist, kommt seine Assistentin. Hanna. Im schäbigen grauen Kostüm, die dunklen Haare kurz geschnitten, ungeschminkt, Zigarette im Mund. Ihre Gage ist klein, aber sie hat Zigaretten, alle haben sie, ich weiß nicht woher, werde es nie begreifen. Sie schaut mich an und sagt grob: Was tun Sie hier? In diesem Land. Sehen Sie zu, daß Sie wieder fortkommen.

Für mich ein neuer Ton in Deutschland. Bis jetzt habe ich nur freudiges Erstaunen über meine Rückkehr, mein Überleben erfahren. Erst bin ich amüsiert, dann bestürzt. Antworte nicht.

Daß irgendein Mensch, noch dazu eine Verfolgte, freiwillig in dieses Land kommt, verstehe ich nicht.

Sie wartet, daß ich etwas sage, ich kann nicht. Betrachte diese Frau, sie ist herb, ist schön, mit einem gequälten Ausdruck in den großen hellen Augen.

Finden Sie es richtig, fragt sie, daß man die Meistersinger gibt, des Führers Lieblingsoper? Daß Ihr Freund sie inszeniert? Und singt verzerrt: Ehrt eure deutschen Meister ...

Ich erschrecke. In meinem Glück, daß das Dritte Reich vorbei ist und ich wieder in Deutschland lebe, habe ich nicht darüber nachgedacht, ob es richtig sei, die Meistersinger zu geben. Bin froh, daß ich sie hören kann. Es ist mir gleichgültig, ob auch Hitler

sie mochte. Aber da ist ein Mensch, der darunter leidet, daß man sie aufführt. Ich versuche zu erklären, sie lehnt die Erklärungen ab, da ist Fremdheit, aus der plötzlich Vertrautheit wird, so streiten, intensiv und zärtlich, kann man nur mit einem, den man lange schon kennt, den man immer gekannt hat.
Sie muß um die fünfzehn Jahre jünger sein als ich, doch bemerke ich den Altersunterschied nicht, bin erregt, spüre Schwesterliches, zu der Droge Deutschland ist die Droge Hanna gekommen.

Wie durch Schweigen Leben erstickt wird

Eine Wohnung in Frankfurt. Nähe von Osthafen und Großmarkthalle. Laut und schmutzig. Der bis vor kurzem schöne Blick nach Süden verbaut durch einen achtzehnstöckigen Wohnklotz.

Ich bin allein. Habe das Glück, schreiben zu können, habe als Gefährten den Hund. Doch niemand ist da, wenn ich nachts weinend erwache, keiner tröstet, wenn die Wohnung in der Novemberdämmerung zu schrumpfen beginnt und die Wände sich neigen.

Autofahren: eine Fluchtmöglichkeit, die ich oft gebrauche; es beruhigt mich, am Steuer zu sitzen. Doch wenn ich ohne Ziel losfahre, bleibt es bei der Beruhigung durch das Chauffieren, die hessischen Dörfer sind reizlos, die Landschaft fremd, und beim Herumstreifen in unbekannten Wäldern läßt die Angst mich nicht los, es könnte ein Jäger den Hund erschießen. Warum gehst du nicht zurück nach München? fragen die Freunde. Ich antworte unwillig wie immer, wenn jemand sich in meine Angelegenheiten mischt, daß ich es wahrscheinlich irgendwann tun werde, nur vorläufig nicht. Warum ich es aufschiebe, von Monat zu Monat, von Jahr zu Jahr, weiß ich selber nicht, will es nicht wissen.

Ich habe viele Freunde – überall in Deutschland, wie

es das Theaterleben mit sich bringt. Wollen die Frauen ihre Männer für ein paar Stunden los sein, komme ich ihnen gelegen, die Männer unterhalten sich gern mit mir, und die Frauen brauchen nichts zu befürchten, ich bin keine Gefahr mehr.
Ich werde gemocht und genieße es, gemocht zu werden, für zwei Teestunden oder ein Abendessen, von Gleichaltrigen und, was mir wichtiger ist, von Jüngeren und Jungen. Doch gibt es niemand, zu dem ich sagen mag: Komm, laß uns morgen für eine Woche nach Südfrankreich fahren, nach Rom oder nach London. Hanna, die einzige, zu der ich es sagen könnte, läßt monatelang nichts von sich hören – unsere Freundschaft ist auf Eis gelegt in jenen Zeiten, in denen sie sich mit einem Mann oder einer Frau in der Welt herumtreibt, an Orten, von denen sie genausowenig erzählen wird wie von ihren Gefährten. Plötzlich ruft sie an, kommt, ist da, die Vertraute, die Nächste. Ich bin glücklich, ohne zu fragen, ob auch Hanna das Wiedersehen glücklich macht. Natürlich, doch, sonst würde sie nicht kommen, sie tut das, was ihr, nicht was anderen gefällt. Schöne, verrückte Hanna. Nein, nicht mehr schön. Das ist vorbei. Klug und manchmal in einen Gedanken bis zur Dummheit verrannt. Die mich ruhig macht und beunruhigt. Von der ich, die ich mir auf meine Unabhängigkeit etwas zugute tue, abhängig bin. Von Anfang an.
Zuweilen verreisen wir gemeinsam; reisen mit Hanna ist Glück. Ihre Phantasie findet Wege, auf denen keiner geht, Kneipen, in die kein Fremder kommt, Kir-

chen, die kaum jemand kennt. Ich akzeptiere ihren Kunstverstand als oberste Instanz, auch in den seltenen Fällen, wenn mein eigener anderes sagt.
Am Anfang unserer Freundschaft war ich die bessere, erfahrenere Bergsteigerin, doch schon längst habe ich ihr die Führung überlassen. Wir steigen, zunächst von Enzios altem Patrizierhaus aus, später von dem kleinen Bungalow, den Urs und ich uns im Tessin gebaut haben, auf entlegene Höhen, verirren uns oft, kämpfen uns durch Dornengestrüpp, Farnhänge, klettern über Felsblöcke. Seit einiger Zeit habe ich Angst, daß Hanna meine nachlassenden Kräfte überschätzen könnte – ich bin nicht mehr schwindelfrei, bin trittunsicherer geworden, Schwächen, die nur ich spüre, die mir andere nicht glauben –, reagiere nervös aus Müdigkeit, streite über die einzuschlagende Richtung, fange an zu weinen. Sie schaut verwundert, schreit gelegentlich zurück, ist manchmal ganz still und entdeckt immer den sicheren Rückweg.
Ganz allmählich werden die Reisen mit Hanna seltener, die Bergtouren kürzer, ich bemerke es kaum, schiebe es weg. Fahre mit anderen Freunden in den Süden, in die Türkei, nach Mexiko und Guatemala. Das ist oft aufregend, zuweilen abenteuerlich, doch bleibt mir immer ein Rest von Sehnsucht.
Wieder zu Hause stürzt mir die Decke nicht auf den Kopf, die Wände stehen im Lot. Ich bin froh, allein zu sein, verkrieche mich, lese, spiele Platten, sehe fern, schreibe auch, aber nie so viel, wie ich mir auf den täglichen Spaziergängen mit dem Hund, in den

Nächten vorgenommen habe. Bin fast normal, so normal wie ein Mensch sein kann, dem der Tod in den Gaskammern zugedacht war, der nur aus Zufall entkommen ist. Warum gerade ich? Wodurch bin ich schuldig geworden, daß gerade ich? Und bin nach Deutschland zurückgegangen, in das Mörderland, ich gehöre dazu; die Auszeichnung, daß ich einmal den gelben Stern trug, ist vertan. Ich kann niemandem verwehren zu glauben, ich hätte mitgemacht, Heil geschrien, hysterisch die Augen verdreht beim Anblick des Mannes. Vielleicht einen Nachbarn, der den englischen Sender hörte, denunziert, gesagt: Die Juden sind unser Unglück, sie drängen sich überall vor, es gibt zu viele von ihnen, gut, daß sie verschwunden sind, wohin, das geht mich nichts an.
Wer hat das Wort Bewältigung erfunden für etwas, das nie, unter keinen Umständen zu bewältigen ist? Holocaust, die unerträglich falsche Bezeichnung, die den Gedanken an eine Naturkatastrophe aufzwingt, einen Blitz, der vom Himmel fährt. Nicht an langsam Gewordenes, von Menschen ausgeführt, die jahrhundertelang zu Gehorsam, Ordnung, Stillschweigen gedrillt waren.
Schau sie doch an, deine Holländer, die dir geholfen, dich gerettet haben vor den Mördern, wie sie zu den Hinrichtungsstätten mitten in Amsterdam kommen und still und selbstverständlich Sträuße niederlegen aus eigenen Gärten, ein paar mit Bindfaden zusammengebundene Narzissen, eine einzige Tulpe, im Wald gepflückte Anemonen, einen Rotdornzweig.

Hier wird getrauert, die Vergangenheit lebt, nichts muß den Kindern und Enkeln verschwiegen werden, sie erfahren, wie es gewesen ist, was an Widerstand geleistet wurde in den Schreckensjahren der Besetzung. Die deutschen Kinder hingegen erfuhren nichts. Nach einer Lesung erzählt mir eine junge Ärztin: Ich weiß nicht, ob meine Eltern in der Partei waren, ob sie an Hitler glaubten. Alles, was ich erfuhr, ist, daß meine Mutter bei aller Not immer ein gutes Essen auf den Tisch brachte und Vater in Rußland verwundet wurde. – Über das andere wurde nicht gesprochen? Und Sie haben nicht danach gefragt? Sie schüttelt heftig den Kopf. Und jetzt sind Ihre Eltern tot? – Sie leben beide. – Warum fragen Sie nicht? – Ich habe Angst, belogen zu werden. Und Angst, die Wahrheit zu hören. Oder Antworten zu bekommen, wie: Hitler ist schuld: am Krieg, an der Ausrottung der Juden, der Teilung unseres Landes. Hitler allein.

Seit diesem Gespräch habe ich viele Dreißig- und Vierzigjährige gefragt, was sie über die Haltung ihrer Eltern in der Nazizeit wußten. Mit wenigen Ausnahmen wußten sie nichts.

Bei den Juden ist es anders, dachte ich. Sie haben nichts zu verbergen, und wie stark der Wunsch ist, über die Verfolgung zu reden, sehe ich ja an mir. Ich bin in Holland, als ein junger Israeli anfragt, ob er ein Interview mit mir machen könne. Er kommt und sagt: Ich mußte Sie kennenlernen, einen jüdischen Menschen, der die Verfolgung erlebte und den Mut hat, darüber zu reden. – Den Mut? Das Bedürfnis. Haben andere das nicht? Da bricht die Klage aus ihm, daß sie schweigen, die in Israel, die in Holland, weil sie sagen: Wir können unseren Kindern die Wahrheit nicht zumuten, nicht das Ausmaß unserer Entwürdigung. Schuldgefühle, daß sie sich zu wenig gewehrt, daß sie überlebt haben, werden verdeckt. Nur nicht daran denken. Die Deutschen sind Teufel. Die Palästinenser sind Teufel. Hitler und Arafat identisch. Wir Juden sind gut. Die Welt scharf geschieden in schwarz und weiß.

Es stünde besser um Israel, sagt er, wenn sie redeten. Aber sie tun es nicht. Er berichtet, ich höre zu. Das ist kein Interview, und ich weiß, er wird keine Zeile über unsere Begegnung schreiben. Bewegt umarmen wir uns, als wir auseinandergehen.

Bei den Deutschen, bei den Juden verwehren die Eltern durch Schweigen den Kindern das Mitleid. So wird Leben erstickt.

Wenn ich so weit bin mit meinen Gedanken, fangen die Wände wieder an zusammenzubrechen.

Darf ich jemandem verschweigen, daß er eine tödliche Krankheit hat?

Ich habe es Urs verschwiegen. Seine Leukämie Anämie genannt. Eine schwer zu bekämpfende, verursacht durch einen noch wenig bekannten Virus. (Möglicherweise die Wahrheit.) Urs lebte gern. (Gewißheit.) Dachte selten an den Tod. (Hypothese.) Wollte über seine Krankheit nicht Bescheid wissen.

(Hypothese. Dadurch gestützt, daß er, sobald sich jemand bei ihm nach seiner Krankheit erkundigte, auf mich deutete: Fragt sie, sie kennt sich da besser aus.) Sein Arzt, bekannter Professor der Hämatologie in München, half mir beim Lügen. Ließ keinen Zweifel in mir aufkommen, daß dies das einzig Richtige sei. Die jungen Ärzte dachten anders. Doch eingebunden in die Hierarchie der Klinik kam es über Andeutungen – zu mir, nicht zu Urs – nie hinaus.
Ich sah ihn sterben, im Sommer, zwei Monate lang. Saß neben dem Krankenhausbett von früh bis spät, schaltete das Fernsehen ein und aus und las ihm alle nur erreichbaren Kritiken über die nicht endenden Festspiele vor. Verwundert stellte ich dabei fest, daß er sich über Mißerfolge der Kollegen freute, ein Zug, den ich bei ihm nicht gekannt hatte, er war durch die Krankheit verändert. Nur in der Mittagszeit, wenn er schlief, fuhr ich in die Stadt, um Bücher, Zeitschriften und in einem der Delikateßgeschäfte Salate, Fisch und Fleisch in Aspik, auch zuweilen Kaviar und Piccolofläschchen Deinhard lila für ihn zu kaufen. Tat genau das gleiche, das meine Mutter an meiner Stelle getan hätte. Die Frau dient dem Mann. Liest ihm jeden Wunsch von den Augen ab, hat keine eigenen Bedürfnisse. Mit einem letzten Rest von Selbsterhaltungstrieb schwamm ich jeden Tag eine Stunde im Pool meines Hotels. Machte Urs, der sich nicht mehr wehren konnte, zu meinem Kind. Erzählte ihm, wie lieb er sei. Plante Reisen mit ihm, obwohl ich wußte, daß er sie nicht mehr würde unter-

nehmen können. Fing die Wochenrechnung ab, damit er nicht erfuhr, wie teuer die Krankheit war.
Im Herbst trat gegen jede Erwartung eine scheinbare Besserung ein, von der alle wußten, daß sie nicht lange anhalten würde; alle, nur er nicht, den allein es doch anging. Ich ließ ihn in seine Hochschule fahren, an der er jungen Sängern dramatischen Unterricht gab, brachte es über mich, ihn nicht zu begleiten, um ihn nicht auf den Gedanken kommen zu lassen, er sei noch immer krank.
Im Frühjahr ging es ihm schlechter, er sagte, es sei ein Fehler gewesen, im Herbst nach dem Krankenhausaufenthalt nicht ins Sanatorium zu gehen; er holte es nach, wurde dort kränker, ich fuhr hin, brachte ihn nach München zu seinem Professor. Er fing wieder an zu sterben, Blut lief aus seiner Nase und war nicht zu stillen, das einzige Mal während der Krankheit, daß ich Angst in seinen Augen sah. Da war er schon nicht mehr klar bei Bewußtsein, fragte, was für ein Kind das sei, das hier spiele, und was für ein Mann, der auf seinem Bett sitze, und warum ich das Auto immer nach Norden lenke, wir wollten doch in den Süden. Verlangte zu jeder Stunde fernzusehen, aber wenn ich den kleinen Apparat anstellte, drehte er den Kopf weg. Plötzlich flüsterte er mit geschlossenen Augen: Die Linden. Ich, schwerhörig seit je, den eigenen Ohren mißtrauend, beugte mich zu ihm: Was meinst du? Er war daran gewöhnt, alles so oft zu wiederholen, bis ich es verstand. Geduldig sagte er lauter und diesmal sehr deutlich: Die Linden.

Ich stand auf, ging zum Fenster, zupfte an den Blumen herum, die dort standen. Die Tränen liefen mir übers Gesicht.

Der betäubende Duft der blühenden Linden, als wir nach München gekommen waren und an einem der ersten Tage – Urs hatte noch nichts von den Mitteln bekommen, die ihn bald schneller fällten, als die Krankheit es tat – im Vorgarten eines Restaurants nah bei der Klinik saßen. Aus irgendeiner Anomalie seiner Nase konnte er den Geruch von Lindenblüten nicht wahrnehmen. Wir hatten oft darüber gelacht, doch an jenem Abend wurden die Linden für mich zu Todesboten, seines Todes, von dem ich wußte, er aber nicht. Außer mir vom Duft, vom Schmerz geriet ich in Versuchung, das Geheimnis, das ich hüten wollte, preiszugeben, und sagte: Urs, die Linden. Er begriff nichts, hob erstaunt den Kopf, schaute in die Dunkelheit, die die Bäume verhüllte, und fragte: Welche Linden? Ich schwieg, und wir sprachen nie mehr darüber.

Doch vielleicht hatte er damals mehr verstanden, die ganze Zeit die Tödlichkeit der Krankheit geahnt oder von ihr gewußt. (Frage ohne Antwort.) Und jetzt? Was dachte er? Dachte er noch? Sein aller lebenswichtiger Bestandteile beraubtes Blut transportierte nicht mehr genug Sauerstoff zum Gehirn. Lösten sich in seinen Visionen Linden aus schwärzester Nacht, ihn mit kahlen Ästen umklammernde Todesbäume?

Am nächsten Tag war Urs tot.

Wenn ich seine Krankheit noch einmal mit ihm

durchleben könnte, würde ich ihm sagen: Du hast Leukämie. Eine unheilbare Krankheit. Doch mit ein bißchen Glück wirst du sie für lange Zeit in den Griff bekommen.

Die Wahrheit nicht verschweigen. Ich hätte ihn stützen sollen mit meiner Liebe, ohne ihn zu entmündigen. Das weiß ich jetzt.

Sehnsucht nach Bindung

Bleibe allein, meditiere allein, du bist allein, sagen die Buddhisten. Und wir: Alleinsein ist trostlos, reduziertes Leben, ein Makel. Leide ich am Alleinsein aus Konvention? Weil ich mich so sehe, wie ich denke, daß andere mich sehen? Auch darauf keine Antwort. Sehnsucht nach Urs, aber auch Sehnsucht nach einer Familie, nach Kindern, die ich nie oder nur ganz selten wollte. Spiegelung einer heilen Welt und das sehr wache Bewußtsein, daß es keine heile Welt gibt. Angst vor dem Alter und die grimmige Freude, alt zu sein, Eifersucht und gebrochenes Herz aus Enttäuschung weit hinter mir, Zuversicht, alles ertragen zu können, auch das Unerträgliche, weil ich so viel schon ertragen habe in meinem langen Leben.

Ruhiges, fades Dahingleiten, ohne Forderung, ohne Gehetze, kein täglicher Kampf gegen den Schlendrian, zu dem Gemeinsamkeit so leicht entartet, kein: Hast du? und: Du mußt, aus Männermund schon zum Frühstück. Keine Notwendigkeit, einzukaufen und zu kochen, wenn ich keine Lust dazu habe, überhaupt keine Notwendigkeit für irgend etwas. Vollkommene lähmende Freiheit. Einziger Schutz vor dem Abgleiten: das Schreiben, der Hund. Für Ruschko muß ich aufstehen, bei jedem Wetter spazierengehen, ihm pünktlich das Fressen geben.

An einem grauen Novembertag ruft Hanna an. Sie habe genug vom Herumziehen. Wolle sich seßhaft machen in München. Es gäbe da eine kleine, reizende Freundin, Monika, um ein paar Ecken herum verwandt, Enkelin Tante Lauras, der Baltin mit dem rollenden R, die einst am Meininger Hoftheater das Gretchen spielte, ich hätte Laura ja gekannt, und wenn sie sich nicht täusche, sehr gern gehabt. Mit dieser Moni wolle sie zusammenziehen. Aus vielen Gründen wäre ein dritter Mitbewohner dringend erforderlich, und niemand anderer käme dafür in Frage als ich, die ja sowieso einmal in die frühere Heimat zurückwolle. Ich wolle mehr über das Mädchen wissen? Nicht mehr ganz jung, schon über dreißig, der Vater früh gestorben, die Mutter seit vielen Jahren in einer psychiatrischen Anstalt, ein herumgestoßenes Kind, in der Schweiz aufgewachsen bei Bauern, die die Sehnsucht nach mehr Wissen nicht erfüllen konnten, der Wunsch, Schauspielerin zu werden wie Mutter und Großmutter, habe sich nicht verwirklichen lassen, Ausbildung zur Kindergärtnerin, doch letzten Endes im Büro gelandet. Eine Kurzbiographie, die nichts besage, hinter das Eigentliche müsse ich selber kommen. Die ganze Sache sei natürlich ein Experiment, aber ein interessantes. Drei Frauen, drei Generationen, ein starkes soziales Gefälle. Ich mit meinem reichlichen Einkommen aus der ererbten Fabrik und der Rente von Urs, Moni habe ein normales Sekretärinnengehalt, und sie selbst, wie ich wisse, habe nichts und verdiene nichts, nur gelegentlich ein biß-

chen durch ein Gutachten, eine dramaturgische Bearbeitung, durch Ghostwriting. Mißglücke das Experiment, könne es ja jederzeit abgebrochen werden. Ich solle es mir gut überlegen. Nichts überstürzen. Auf ein paar Tage käme es nicht an.
Mit mir fremder hoher Stimme sag ich: Ich brauche nichts zu überlegen. Ich komme. Schon morgen. Pfüadi, Hanna.
Ich lege den Hörer auf, bleibe sitzen, zünde mir eine Zigarette an, die Hand mit dem Feuerzeug zittert. Zum erstenmal seit meiner Kinderzeit habe ich bayerisch gesprochen. Nicht ciao oder tschüß oder auf Wiedersehen, sondern pfüadi gesagt. Ich werde nach Hause kommen in meine Landschaft. Auf die Kinderberge steigen mit Hanna. Ins Theater, Kino, in Ausstellungen, zum Essen gehen mit Hanna. Von Hanna im Auto gefahren werden. (Weiß nicht mehr, wie gern ich selbst fahre.) Mit Hanna fernsehen, mit ihr über das Gesehene sprechen. Mir andere Möbel kaufen, von Hanna beraten, das alte Zeug loswerden, das einsame Leben loswerden.
Ich denke in dieser Stunde nicht an Moni, das unbekannte Mädchen, dessentwegen Hanna nach München ziehen wird. Denke überhaupt nicht. Träume. Träume mich jung, schön, begehrenswert, bin selbst das Mädchen, mit dem ein anderer Mensch zusammenleben will. Habe einen Antrag bekommen und zugestimmt. Erwarte, erwarte.

Schon als Kind wurde mir beigebracht, an den Tod zu glauben

Da gab es einen Großvater, einen sehr lieben alten Mann (aber alt waren alle großen Leute), der war plötzlich fort. Er kommt nicht wieder, nie mehr, wurde ich aufgeklärt. Irgendeinmal doch? Nein, nie ist nie. Wo ist er? Großmutter weinend: Beim lieben Gott. Mutter: Im Himmel. Vater: Unter der Erde. Vater, der nicht mit roten Augen herumlief, schien mir der Glaubwürdigste zu sein. Seine Aussage erschreckte mich sehr. Ich grub im Garten ein Loch und legte die Hand hinein. Die Erde war kalt und naß. Da fing ich zu zweifeln an. Es konnte doch nicht sein, daß man Großvater so etwas angetan hatte. Nein, mein Kind. Er liegt auf weichen Kissen in einem Sarg. Noch schlimmer. Verwandte hatten uns drei lebende Hühner geschenkt. Die kamen in einer Kiste. Als wir sie herauslassen wollten, waren sie erstickt. Großmutter und die Eltern hatten Großvater in eine Kiste gelegt, in der er keine Luft mehr bekam. Ich fürchtete mich und weinte. Sie belehrten mich: Ein Verstorbener braucht keine Luft. Er spürt nichts mehr. Woher wußten sie das? Und wenn sie nicht recht hatten?

Bei einem Gespräch der Erwachsenen schnappte ich

auf, daß man Tote auch verbrennt. Feuer tut weh. Ich probierte es aus. Hielt einen Finger in die Flamme der Kerze. Schrie. So etwas Dummes wie dich muß man lange suchen, schimpften die Eltern. Ihr seid böse, sagte ich. Nicht wegen ihres Gezankes hatte ich sie böse genannt, sondern weil sie erlaubten, daß man Tote ins Feuer schiebt. Sie verstanden mich nicht, schauten sich erschrocken an und küßten meine Brandblase.

Als ich erwachsen war, redete ich wie die anderen, überzeugt, daß Gestorbene nichts spüren, daß sie nicht wiederkommen. Wie hielten alte Menschen es aus, in der Gewißheit des nahen Endes zu existieren? Warum brachten sie sich nicht um?

Jetzt bin ich selber alt, weiß, daß der Tod bald kommt, lehne mich nicht auf, fürchte ihn nicht, fürchte ihn sehr, habe Angst vor allem, was mir bevorsteht. Spüre das Schwächerwerden des Körpers, das Ermatten der Gefühle, vergesse vieles, das ich mir merken wollte, Namen verschwinden im Nichts, Gedanken werden jäh unterbrochen, lösen sich auf in heiter oder traurig machendem Verdämmern.

Oft wollte ich weglaufen, nie habe ich es getan

Moni trägt eine Schiebermütze aus schwarzem Samt, Jeans und einen weitmaschigen, mindestens um zwei Nummern zu großen Pullover, als wir uns in einer Schwabinger Kneipe kennenlernen. Sie ist befangen, ich bin es auch. Was soll ich mit diesem mageren, blonden, sehr hübschen Mädchen reden? Mit einer erwachsenen Frau, die sich kindisch benimmt? Vor Hannas Gesicht mit einem zu einem Häschen geknoteten Wollhandschuh herumfuchtelt, ihr das Bierglas leertrinkt und eine Salzbrezen aus der Hand reißt?

Auf der Autobahn zwischen Frankfurt und München waren mir Zweifel gekommen. Es wird nicht gutgehen, kann nicht gutgehen, mit einem wildfremden Menschen zusammenzuleben. In meinem Alter. Hat Hanna zusammenleben oder zusammenziehen gesagt? Drei Singles in einer Wohnung oder ein Paar und ein Single? Nichts ist besprochen. Wer kocht? Wer kauft ein? Wie wird verrechnet? Wer kann wann Besuch haben? Besuch zum Essen, zum Schlafen? Und wie steht's mit dem Bad? Nichts weiß ich von Moni, aber ich weiß auch von Hanna nicht viel. Wir haben Ferien zusammen verbracht, oder sie war mein Gast, ich habe sie, außer mit Enzio, nie erlebt, wenn sie liebt. Werde ich am Morgen, ungewaschen und ungekämmt, einem fremden Kerl auf dem Gang begegnen, der die Nacht bei einer der beiden war? Wird am Waschtisch getrockneter Rasierschaum kleben, irgendwer meinen Kamm benutzt, irgendeine Hand in meinem Cremetopf Spuren hinterlassen haben?

In der Kneipe werden die Zweifel größer. Als die Unterhaltung sich hinschleppt, langweilig und stumpf über Filme, Bücher, Politik, die schlimme Weltlage, sage ich unvermittelt: Ich möchte ein eigenes Badezimmer. Moni lacht laut heraus, Hanna erwacht aus ihrer Lethargie: Das ist gut, dann wissen wir wenigstens, wonach wir suchen müssen. Nach einer Wohnung oder einem Haus mit zwei Bädern oder, weil es das vielleicht gar nicht gibt, zwei Wohnungen im gleichen Haus. Kann auch derselbe Block sein. Als sie meine Enttäuschung bemerkt, sagt sie kühl: Die zwei Bäder sind dein Wunsch. Und da du über das meiste Geld verfügst, ist es selbstverständlich, daß wir ihn erfüllen.

Es gibt das Haus mit zwei Bädern. Wir haben es schnell gefunden. In einem südlichen Villenvorort, in einem zu feinen, meint Hanna, hier wohnen keine Leute, die zu uns passen, mit denen gesellige Nachbarschaft möglich ist. (Ich kann mir die menschenscheue Hanna sowieso nicht als gesellige Nachbarin vorstellen, eher als hilfreiche, wenn ein Rohr bricht, Schlüssel verlorengehen, ein Auto nicht anspringt, doch nicht in ihrer schäbigen Kleidung auf einer Gartenparty.) Das Haus steht klein, ein bißchen baufällig, mit primitiven bayerischen Ornamenten bemalt, mitten in einem recht großen Garten, dem man die Landschaft noch ansieht, die da früher war; hohe Birken, noch höhere Lärchen, deren letzte Nadeln golden schimmern; durch den Schnee auf der Wiese wird der goldene Glanz verstärkt. Entlang dem Zaun zu einem Nachbargrundstück stehen dunkle Tannen, und überall verteilt sind Fliederbüsche. (Wichtig für mich, weil Flieder, der auf dem kalkarmen Boden im Tessin nicht gedeiht, ein Kinderglück von mir war.) Wir werden oft mähen und im Herbst die vielen Blätter zusammenrechen müssen, aber viel Arbeit macht dieser Garten nicht.

Ruschko ergreift sofort Besitz von ihm, rennt wie toll herum, ist selig; auch sein Leben wird schöner werden als in der Frankfurter Wohnung, wo er warten mußte, bis ich Zeit und Lust hatte, mit ihm fortzugehen.

Das Haus ist gut in zwei Wohnungen zu unterteilen, unten ich, oben Hanna und Moni. Im Keller ist noch ein großer Raum (Hobbyzimmer nennt ihn die Vermieterin). Hier kommt unsere Küche hin, sagt Hanna und beseitigt damit die Probleme des gemeinsamen Kochens. Moni sagt überhaupt nichts, steht herum, als ginge sie das alles nichts an, freut sich nicht, äußert keine Wünsche, beteiligt sich nicht am Plänemachen und findet offenbar jeden Vorschlag Hannas gut – du nimmst das vordere Zimmer zum

Schlafen und das mittlere zum Wohnen, mir genügt für beides das hintere –, hat auch nichts dagegen, daß bei mir alles größer ist, und äußert nur, als der dreijährige Mietvertrag von Hanna und mir unterschrieben wird: Wenn es mir nicht paßt, ziehe ich früher aus, ich fühle mich nicht gebunden.

Ich werde mich neu einrichten, mir Möbel kaufen, mich von überflüssig Gewordenem befreien: ein neuer Mensch werden in einer neuen Umgebung. Alt? Zu alt? Nie ist man zu alt. Umdenken, lernen, andere Menschen begreifen. Den Absprung wagen in Abenteuer, die niemals enden.
Mit Hanna zusammen messe ich die Zimmer aus, stelle Zeichnungen her, beratschlage, was behalten werden soll. Es ist nicht viel, ein paar antike Stücke, Kommoden, Schreibtische, ein Frankfurter Schrank. Während Moni im Büro die Zeit absitzt (sie ist in der Scheinfirma einer Erbengemeinschaft angestellt und hat nichts zu tun, als gelegentlich ein paar Briefe zu schreiben oder Telefonanrufe entgegenzunehmen), durchstreife ich die Stadt mit Hanna. Es ist alles so, wie ich es in jener ersten Stunde in Frankfurt erträumte. Ich bin nicht länger allein, werde getragen durch Freundschaft, Zusammengehörigkeit. Hanna verhandelt mit dem Verkäufer eines großen Einrichtungshauses wie ein erfahrener Innenarchitekt – warum machst du das nicht zu deinem Beruf? Ein müdes Abwinken, sie will unter keinen Umständen einen Beruf haben –, erkennt technische Probleme,

kann sie lösen, wohingegen ich blöde danebenstehe, nur verschwommene Vorstellungen habe und nicht mehr beitragen kann als zaghafte Bekundungen, was mir gut und was mir nicht gefällt.
Wenn wir von Möbelkäufen genug haben, schauen wir uns die Schaufenster der Modegeschäfte an, Münchens Eleganz bestrickt mich, obwohl das meiste für mich selbst nicht mehr in Frage kommt, wahrscheinlich nie in Frage gekommen ist; ab und zu kann ich nicht widerstehen und kaufe mir eine Bluse, einen Pullover oder eine Hose, teuer, gediegen. Hanna tut interessiert, rät freundlich zu oder ab, wenn auch mit weniger Enthusiasmus als bei den Möbeln. Doch sooft ich den Versuch mache, ihr etwas aufzudrängen, sagt sie ablehnend: vollkommen überflüssig.
Schließlich stimmt sie zu, einen neuen Wintermantel anzunehmen, einen billigen aus einem Warenhaus. Ich hatte an eine Pelzjacke für sie gedacht. Der Kauf ist für uns beide eine Enttäuschung, ich spüre bei Hanna, die gar nichts haben wollte, Feindschaft. Gequält gehen wir nebeneinander her, eine, die Geld hat, und eine, die keines hat; eine erste Ahnung, noch kein Begreifen, daß sich da eine Kluft auftut, die auch durch Liebe und Freundschaft nicht zu überbrücken ist.

Als Kind hatte ich Mitleid mit jedem, der nicht in München lebte. Keine Stadt der Welt konnte schöner sein. So nah an den Bergen, den Seen. Aber sie war auch die Stadt der Reaktion, des Chauvinismus, nicht die Stadt der Kunst, wie sie vorgab, sondern des Kunstgewerbes. Ein Gewabere aus vergangenem Ruhm und dem Spießertum schlitzohriger Stadtbauern, der Sumpf, in dem Hitler gedieh.

1923 putschte er. Freunde riefen spät in der Nacht an: Versteckt euch. Hitler hat im Bürgerbräukeller die Macht übernommen. Wir fanden das keinen Grund, uns zu verstecken. Zudem war Mutter verreist. Und ohne Mutter geschah bei uns nichts, das vom täglichen Trott abwich. Mein Vater, mein Bruder gingen wie immer in ihre Kanzlei. Einige Stunden später, Vater war bei Gericht, erschienen SA-Leute, um ihn zu verhaften. Als Geisel? Um ihn zu erschießen? Niemand wußte es. Niemand hatte Erfahrungen mit den Nazis. Während der Revolution wurden unsere feinen Wohnungen von Rotgardisten bewacht, damit der «Mob» uns nichts tue. Hier lief es anscheinend anders. Die SA-Leute sagten, sie kämen am Mittag zurück. Mein Vater solle sich bereithalten. Mein Bruder holte Vater aus seiner Gerichtsverhandlung: Du mußt weg. Fahre zu deiner Schwester nach Grainau. Vater war einverstanden, doch nicht ohne das «Kind».

Ein Kind war ich nicht mehr, aber auch noch nicht erwachsen. Ich fand es aufregend zu fliehen. Traf Vater in einem Café nahe beim Bahnhof, aber weil es uns zu gefährlich erschien, dort in den Zug zu steigen, beschlossen wir, nach Pasing zu Fuß zu gehen. Mehr als Nachthemd und Zahnbürste hatten wir

nicht dabei. Keinen Augenblick kam das Gefühl bei uns auf, daß es um Tod und Leben ging. Ging es darum? Ich weiß es nicht. Aber es war der Anfang von etwas, das sehr viel später mit Tod endete.
Als wir in Garmisch ausstiegen, war der ganze Bahnhof voll mit Leuten des Freikorps Oberland. Uniform: Windjacken und weiße Kniestrümpfe. Sie machten einen bedrückten Eindruck. Der Putsch war zusammengebrochen, Hitler geflohen, geschlagen kehrten sie nach Hause zurück. Das wußten wir nicht, es war uns unbehaglich und wurde es noch mehr, als wir uns auf den Weg nach Grainau machten, wohin kein Zug mehr fuhr. Es war eine kalte Winternacht, die Sterne funkelten, der Schnee knirschte, vor uns marschierten drei Männer des Freikorps, hinter uns vier oder fünf. Sie hätten uns leicht etwas antun können, aber sie taten uns nichts, und als wir von der Straße abbogen, riefen sie uns ein freundliches Gutnacht nach.

Abends treffen wir Moni in irgendwelchen Kneipen, manchmal hat sie Freunde dabei, nette junge und halbjunge Leute. Oft verstumme ich dann, nicht weil sie mir nicht gefallen, es ist Hannas Anwesenheit, die mich schweigen läßt; sie ist ungemütlich still, wenn sie getrunken hat, aggressiv, oder sie fängt an zu dozieren, als wäre sie ein Guru und die anderen ihre gläubigen Jünger. Aber das sind sie nicht, ich spüre das Unbehagen, das die meisten überkommt. Nur wenige nehmen sie an und werden sofort dafür von mir heftig geliebt. Aber gerade diese übersehen mich, schieben mich beiseite als lästiges Anhängsel. Das geht bis zur Impertinenz, ungeniert reden sie vor mir von der Alten, und immer schwingt mit: Was hat die hier zu suchen? Im Kneipenlärm verstehe ich nur ungenau und lächle meinen Angreifern töricht zu. Sage aus Verzweiflung etwas, das mit dem, worüber geredet wird, keinen Zusammenhang hat, und versuche ungeschickt, die Unterhaltung an mich zu reißen, weil ich mich beim Reden sicherer fühle als beim Hören.

Diese Abende sind weder für mich noch für Hanna lustig, nur Moni ist gelöst und vergnügter, als wenn wir zu dritt sind.

Am nächsten Morgen bin ich wieder mit Hanna allein, vergesse die Demütigungen des Abends, denke: Wie gut, daß Monika diese Freunde hat und nicht ganz auf uns angewiesen ist. Bemühe mich, mit dem Mädchen, das mir so fremd ist, vertraut zu werden. Dafür brauche ich Zeit und Geduld.

Geduld vor allem. Irgendwann sagt sie: Sagen Sie doch du zu mir. Ich freue mich. Ein Lichtblick. Ja gern, aber du mußt natürlich auch du zu mir sagen. – Das kann ich nicht. Sie sind Sie für mich. Und dabei bleibt es.

Ich sitze mit Hanna in einer Konditorei gegenüber der Residenz, dort wo ich 1946 mein erstes Nachkriegseis bestellte, auf das ich mich gierig freute und das, als es kam, nach essigsaurer Tonerde schmeckte.

In dieser Konditorei hat Waiki nach meinem externen Abitur auf mich gewartet, und schon von der Tür her bedeutete ich ihm mit einer resignierten Handbewegung, daß ich durchgefallen sei. Mach dir nichts draus, sagte er, es ist nicht wichtig. Ich nickte, aber natürlich war ich enttäuscht. Dann mußte ich lachen, weil ich ausgerechnet in Deutsch durchgefallen war, und daß ich Deutsch konnte, besser als die mich prüfenden Spießer, wußte ich damals schon. Das Thema des Aufsatzes verfehlt (nicht nationalistisch genug) und auf die Frage, welche Frauengestalt Goethes Ähnlichkeit mit dem Käthchen von Heilbronn habe, geantwortet: keine. Worauf mich der Lehrer mit Entrüstung belehrte, daß es Mignon sei.

Hanna amüsiert sich, als ich ihr das erzähle, und meint wie Waiki, daß es doch nicht wichtig gewesen sei.

Das war es sicher nicht, bei allem was nachher kam. Und zu guter Letzt ist schreiben, deutsch schreiben zum Lebensinhalt geworden. Aber eine Ähnlichkeit Mignons mit dem Käthchen von Heilbronn kann ich noch immer nicht sehen.

Wir gehen ins Kino, Moni besorgt die Karten. Für Hanna und mich zusammen, für sich ein paar Reihen weiter vorn, weil es da billiger ist. Ich sage zornig, daß ich nicht nur Hanna, sondern auch sie eingeladen habe. Ich lasse mich nicht einladen wie Hanna.

Mir ist der Film verdorben, ich sehe ihn gar nicht,

will ihn nicht sehen, schließe die Augen. Was tue ich, ich bin verrückt, daß ich mich auf diese Gemeinsamkeit, die nie eine werden wird, eingelassen habe. Noch ist es Zeit wegzulaufen. Aber da ist der dreijährige Mietvertrag, da sind die bestellten Möbel, die auf die Maße des sehr langen und schmalen Zimmers angefertigten Bücherregale. Die Frankfurter Wohnung ist gekündigt und schon weitervermietet. Zum Weglaufen ist es zu spät.

Ich gehe mit Hanna spazieren am Hochufer der Isar, wo ich so oft als Kind gewesen bin. Sie legt mir leicht den Arm um die Schulter, was sie sonst nie tut. Sagt: Das mit der Kleinen ist eine Geschichte, die vorübergeht. Sie ist viel zu jung, um sich an mich zu binden. Mit dir aber bleibe ich mein Leben lang zusammen.

Die kaputtgemachte Erde

Im Lauf eines einzigen Lebens kaputtgemacht. In meiner Kindheit war hier Wald, die jetzt regulierte, träg dahinfließende Isar ein reißender Gebirgsfluß. Ungeteerte Landstraßen, gut zum Gehen, gut zum Radfahren, führten in die Berge. Die Berge gehörten mir. Sie waren nicht großartig, fast alle unter zweitausend Meter, doch die meinen. Meine Wege, meine Almen, meine Felsen, meine Blicke. Im Sommer kletterte ich: an einem derben Hanfseil, ohne Helm; die Routen waren leicht, mittelschwer oder schwer, noch nicht mit Ziffern standardisiert. Im Winter stieg ich mit Fellen an den Eschenskiern, die mit einer Riemenbindung am leicht genagelten Lederschuh befestigt waren, die menschenleeren Hänge hinauf und glitt sie vergnügt durch Pulverschnee oder auf Harsch mit Stemmchristianias wieder hinunter.

Ich stehe unten am Glaslhang des Wallbergs, dem letzten, sehr steilen Stück der Abfahrt, und schaue erstaunt auf die Massen, die da herunterrasen, viel schneller, viel eleganter als wir. Wir, das waren der Hinterseer Sepp und ich; er, einer der besten deutschen Skiläufer, ich, eine mittelmäßige Tourenfahrerin, aber wenn ich lange nach ihm unten ankam, lachte er übers ganze Gesicht und schrie: Bravo. Dafür gab ich ihm einen Kuß auf die Wange. Das hätte ich nicht tun dürfen, Hitler war schon an der Macht, und wenn jemand den Kuß gesehen hätte, wäre es uns beiden schlecht ergangen. Niemand sah ihn, wir waren allein am Berg.

Auch das Mittelmeer gehörte mir. Wintertage in Sanary, noch kein überlaufener Vorort von Marseille, ein kleines Fischerdorf mit dem bescheidenen Hotel *De la Tour* in der Mitte, in dem Waiki und ich die einzigen Gäste waren. Windzerblasen streunten wir durch die Gegend, fanden eine Wiese, die wir das Paradies nannten, weil Katzen, Hunde, Ziegen, Schafe, Hühner sich da tummelten.

Als wir das zweitemal kamen, nur wenige Jahre später, wohnte ein guter Teil der emigrierten deutschen Intellektuellen in Sanary. Man lernte sich kennen, flüchtig, in den Cafés, wartete im Gegensatz zu den Franzosen, die taten, als ginge sie das alles nichts an, fiebernd auf Radioberichte, es war Herbst 1938, kurz bevor Chamberlain nach München fuhr. Irgend jemand hatte vorgeschlagen, gemeinsam ein Puff zu besuchen, in dem Pornofilme gezeigt wurden. Auf dem Weg dorthin im Auto sagte ein weißhaariger Mathematiker hoch aufgerichtet: So also fängt für euch der zweite Weltkrieg an.

Als wir das Puff erreichten, sahen wir, daß es genau an der Stelle stand, wo unser Paradies gewesen war.

Wir gingen von Positano aus östlich nach Amalfi, westlich nach Sorrent, auf fast leerer Straße hoch über dem Meer. Odysseus war hier an den Inseln der Sirenen vorbeigesegelt, die drüben im Blauen schwebten. Unantastbar erschien dieses Meer. Wir hätten vielleicht geglaubt, daß Menschen in unserem Jahrhundert den Mond erreichten, aber nicht, daß dieses Meer im Schmutz erstickt. Doch wir hätten auch nicht an die Ausrottung der Juden geglaubt. Einige Jahre später war Waiki tot, ermordet, weil er ein Jude war.

Meine Schwäche für Menschen, die anders sind

Meine Freunde sagen: Was du vorhast, ist Wahnsinn. Du gibst dein bequemes Leben auf, deine Unabhängigkeit, um mit einer Frau zusammenzuleben, die nichts arbeitet und nichts ist. Sie geht an uns vorbei, ohne zu grüßen, als wenn sie weiß Gott was wäre. Sie gehört nicht dazu. Eines Tages wird sie dich verlassen. Dann bist du ganz allein.

Hätten sie sich verschworen, mich in Hannas Nähe zu zwingen, könnten sie sich nichts Wirkungsvolleres erdacht haben. Von dieser Zeit an nehme ich vor ihnen den Namen Hanna nicht mehr in den Mund.

Hanna war anders. Ein Einzelgänger. Mehr noch: eine Minderheit. Minderheiten werden abgelehnt. Sind verdächtig. Beinahe alle lehnten sie ab. Sie war unzugänglich, arrogant. Das mochten die meisten nicht. Mich zog es an.

Von ihrer Kindheit wußte ich wenig. Das bißchen, das sie erzählte. Sie sagte: Das habe ich alles vergessen. Schnitt Fragen ab.

Sie war ein Wunderkind am Klavier. Mußte vorspielen, nicht gerade in Konzertsälen, doch vor Freunden der Eltern, in der Schule, im Funk. Sie wollte nicht vorspielen. Weil sie ein braves Kind war,

tat sie es doch. Eine große Zukunft prophezeiten die Erwachsenen, sie wußte es besser.
Eilig machte sie sich daran, ihnen den Irrtum zu beweisen, sagte, sie könne keine Noten mehr lesen, die verschwämmen ihr vor den Augen, griff häufig daneben, gab, wenn man sie über Musik befragte, verkehrte Antworten. Hast du Musik nicht gemocht? frage ich. Sie schaut erstaunt: Musik stand für mich immer an erster Stelle, aber ich wollte mit ihr allein sein.
Der Dreizehnjährigen kam der Zufall zu Hilfe. Sie spielte bei einer Schulfeier ein Stück von Hindemith. Da sagte ein Junge aus ihrer Klasse, dieses Geklimper sei entartete jüdische Kunst. Sie sprang ihn wie eine Rasende an. Er brach ihr brutal die Hand. Unter dem Gips wuchsen die Knochen zusammen, ein bißchen schief und ein bißchen knorpelig. Mit der Virtuosität war es vorbei.
Sie bezeichnet sich oft als Versager. Das stimmt nicht, von jeher war sie ein Verweigerer und ist es geblieben.
Warum unsere Freundschaft so lange hielt? Ganz sicher mochte sie mich, wenn sie mit mir auf einer Wanderung, einer Reise war. Ganz sicher mochte sie mich nicht, wenn ich mich mit Freunden umgab, die, wie sie sagte, «die Linie hielten». Von ihrem Mut zur Verweigerung ging für mich eine Kraft aus, die mir die Möglichkeit gab, mehr Ich zu sein als irgendwo sonst. Ich liebte ihre krause Art zu denken, bewunderte ihr Gespür für Kunst. Manchmal vor einem

Bild, beim Musikhören, bei einem Nachtgespräch verließ ich mit ihr die Erde und konnte fliegen, wie die Hexen zum Blocksberg geflogen sind, um dort ihre ungeheueren Feste zu feiern.

Assoziationen

Hanna und Moni, vierzehn Tage vor mir eingezogen, hatten versprochen, das Haus zu streichen. Das können wir prima. In einem Telefongespräch nach Frankfurt wird deutlich, daß es doch so einfach nicht sei, sie hätten die Sache jetzt einer Bekannten Monis, einer Fast-Profi anvertraut. Erst in München erfahre ich, daß es auch mit dieser Fast-Profi nicht ging, Hanna habe sich mit ihr verkracht. In der nächsten Woche werde ein wirklicher Profi die Wohnung billig in Schwarzarbeit malen. Die Möbel müsse man zwar wieder wegrücken, aber darum brauchte ich mich nicht zu kümmern.

Eine kleine Enttäuschung. Schnell verdrängt von dem Glück, angekommen zu sein, zu Hause, wo ich erwartet werde, wo ein Essen bereit ist, Blumen zu meinem Empfang gekauft sind. Sie stehen in einem gelben Plastikeimer – eine Vase scheint nicht vorhanden zu sein –, ein Riesenstrauß, viel zu aufwendig. Moni hat ihn besorgt und ist stolz darauf. Ich freue mich, will mich freuen, ein bißchen gerührt, verkrampft, Feuchtigkeit in den Augen.

Als der Maler kommt, brauche ich tatsächlich keine Möbel zu rücken, ich werde mit dem Hund fortgeschickt, gehe weit isaraufwärts, an den Hängen blühen Anemonen und Leberblumen. Norden und Süden in der Luft. Ich mag den Vorfrühling in Bayern, bin froh, hier zu sein, wiedergekommen nach so vielen Jahren. Alles scheint unverändert. Ich spiele mit dem noch jungen Ruschko, bin selber jung, werfe ihm Stöckchen, die er wedelnd zurückbringt.

In die Kirche von Schäftlarn mit ihrem leichten grünen Zwiebelturm kann ich wegen des Hundes nur einen Blick werfen. Aus dem heiteren weiß-goldenen Barock strömt mir jubelnde Musik entgegen. Es ist ganz still, sie klingt für mich allein.

Im Garten des Klosterbräus trinke ich Kaffee. Glaube, daß ich einmal als Schulkind hier gewesen bin, auf einem Maiausflug. Überall weiße Flecken und dazwischen ein paar farbige Tupfen der Erinnerung. Die Mädchen, mit denen ich hier war, sind seltsam verblaßt; einige waren Freundinnen, aber mehr als ihre Namen und vage Bilder finde ich nicht im Gedächtnis. Nur eine ist noch lebendig, eine Tote, die als Kind schon starb und nicht zu den Freundinnen gehörte; ich habe nur ab und zu ein paar Worte mit ihr gewechselt, fast nichts von ihr gewußt, doch sie geliebt. Sie hieß Ingrid von Hattingberg. Der hellklingende Name verzauberte mich, erst der Name, dann das Mädchen. Intelligent und wach meldete sie sich oft auf Fragen der Lehrer. Wurde sie aufgerufen, erhob sie sich nicht zögernd wie die anderen, sie sprang auf beide Füße und warf den Kopf weit zurück, es sah aus wie der Anfang eines wilden Tanzes, sie strahlte vor Glück, daß sie sagen durfte, was sie wußte. Ich saß in der Fenster-, sie in der Türreihe ein wenig vor mir, mein Herz klopfte schnell, wenn ich über die mittleren Bänke hinweg zu ihr schaute. Es ging ein Glanz von ihr aus, den ich nur einmal noch erlebt habe bei Franziska. Manchmal verschmelzen die beiden, dann ist Franziska die junge Ingrid und Ingrid die erwachsene, vielgeliebte, vom Ruhm verwöhnte Frau.

Auch Franziska habe ich kaum gekannt. An einem Abend im Tessin war sie bei Urs und mir zu Gast, gemeinsam mit den beiden Männern, von denen sie einen gerade verlassen hatte (er war ein Freund von uns), um mit dem anderen zu leben. Ein ungemütlicher Abend, es konnte nicht anders sein bei dieser Konstellation. Ich weiß nicht mehr, über was gesprochen wurde, und habe es vermutlich nie gewußt, ich hörte nicht zu, trug nichts zur Unterhaltung bei, sah nur Franziska. Ihre gewölbte Stirn, ihren großen, sensiblen, oft lachenden Mund, das unproportionierte Gesicht, dessen unterer Teil zu schwer war für den oberen, so daß die Frage sich stellte, ob es überhaupt schön oder hübsch sei. Für mich war es eines der schönsten. Ich sah es nur noch einmal wieder bei einer Theatervorstellung in Frankfurt. Nach dem Applaus ging ich schnell in das gegenüberliegende Restaurant, wo eine große hufeisenförmige Tafel zur Premierenfeier gedeckt war. Niemand war da außer Franziska, die mit einem Begleiter an der Mitte des Tisches saß, wie es ihr zukam. Ich ging zu ihr, begrüßte sie, leicht über ihre Schulter gebeugt: Sie wissen nicht mehr, wer ich bin? Einmal im Tessin ... Franziska sprang auf beide Füße, wie das Kind Ingrid aufgesprungen war, warf den Kopf zurück, lächelte strahlend: Und ob ich es weiß. Wie schön, Sie wiederzusehen. Ich habe es mir sehr gewünscht. Schon lange wollte ich Sie etwas fragen. Ich wartete, wortlos vor Glück. Die Frage konnte sich nur auf den gemeinsamen Freund beziehen, mit dem Franziska gelebt hatte und der für mich ein paar Jahre lang so etwas wie ein Sohn gewesen war. Franziska warf einen hilflosen Blick auf ihren Begleiter, legte den Handrücken an die Stirn, flüsterte: Aber jetzt und hier kann ich es nicht. Statt nun zu sagen: Besuchen Sie mich. Ich wohne in dieser Stadt. Aber ich bin auch bereit, mich an jedem Ort der Welt mit Ihnen zu treffen – stattdessen schwieg ich wie eine kleine Gans, verabschiedete mich verlegen und setzte mich weit weg. Zwei Schüchterne hatten sich getrennt, eine Gelegenheit war verpaßt, meine Liebe vertan.

Auch Franziska ist tot; sie war jünger als Ingrid und hat es weiter gebracht an Jahren, wenn auch nicht so weit wie ich, der das Schicksal zugestanden oder auferlegt hat, alt zu werden. Die beiden haben sich fortgestohlen aus der immer bedrohlicheren Welt. Ich aber lebe, sitze in der Frühlingssonne in einem Wirtshausgarten, einen Hund zu meinen Füßen, wie alte Frauen eben sitzen, sich wärmend und ein bißchen müde, unlustig aufzubrechen, obwohl Ruschko danach drängt. Ich bin verwundet durch die Menschen, spüre jeden Morgen beim Zeitungslesen den Griff an die Kehle, zähle, wie oft auf den ersten sechs Seiten das Wort Krieg und das Wort Atomkrieg steht, als seien das Begriffe, die sich denken lassen, und auf Seite sieben und acht, wo es sich um außereuropäische Länder handelt, das Wort Massaker, was aber keine Zukunft, sondern gerade stattgefundene Vergangenheit meint. Jeden Abend beim Fernsehen die Toten auf der Autobahn und die Toten in Mittelamerika und verhungernde Kinder und Kampfflugzeuge und Raketen, immer wieder Raketen. Ich bin von Trauer umhüllt, muß hinsehen, weil ich wissen will, wie die Welt beschaffen ist, und empfinde es als Wunder, daß ich trotz allem nicht aufhören kann, das Leben zu lieben.

Der Ingrid-Glanz, der Franziska-Glanz ist erloschen, die Mittelmäßigen, die Verängstigten, die Brutalen sind geblieben. Vielleicht kommt es mir auch nur so vor, weil ich nicht mehr genug Kraft habe, den Glanz zu entdecken.

Eine neue kalte Zeit ist angebrochen. Ich versuche, die jungen Leute zu verstehen. Habe oft den Eindruck, daß sie sich von mir verstanden fühlen. Aber zweifle ebenso oft, daß ich es wirklich kann.

Auf dem Heimweg pflücke ich mir ein blau-weißes Sträußchen. Zu Hause überlege ich es mir anders und gebe es Moni. Sie schüttelt den Kopf: Ich mag keine Blumen. Ich nehme eine kleine Vase, gebe die Blumen hinein und trage sie in mein Wohnzimmer.

Selbst wenn ich mir vorstellen könnte, daß ich keine Blumen mag, würde ich das nicht zu jemand sagen, der mir welche schenkt. Ich bin durch Monis Grobheit schockiert, katalogisiere: unerzogen und zu faul, Blumen zu pflegen.

Orientierungslos

In Monis Wohnzimmer hängt ein großes Bild von Marx. Sieh einer an, da ist etwas, das ich nicht vermutet habe, sie tritt für eine Idee ein, macht sich Gedanken über ökonomische Zusammenhänge, über reale oder utopische Gesellschaftsformen.

Dann stelle ich fest, daß sie als einzige Zeitung ein Boulevardblatt liest – ich kann mir die Süddeutsche nicht leisten –, sich für Politik nicht interessiert, nur gelegentlich aufmüpfige Redensarten gegen Kapitalisten im Munde führt, unfundiert, klischeehaft. Immer empfinde ich sie als gegen mich gerichtet. Doch ich begreife, daß auch der Marxismus bei ihr nichts ist als ein vager Traum. Eine Sehnsucht, irgendwo dazuzugehören.

Zum erstenmal lebe ich in so großer Nähe eines Menschen, der sein Geld mit eintöniger Arbeit verdient. Meine Freunde haben Berufe, die ihnen Spaß machen; meistens Spaß, denn natürlich hängt auch ihnen ihre Arbeit manchmal zum Hals heraus, das kann nicht anders sein, überall gibt es Durststrecken und gelegentlich auch eine Krise, aber dazwischen doch immer wieder Freude, Erregung, Zufriedenheit. Monis Unterdrückung, Monis Ausbeutung, was immer das bedeuten mag, zwingt mich öfter, als ich will,

über dieses Problem nachzudenken.
Da sitzt sie von neun Uhr am Morgen bis fünf Uhr nachmittags, tippt ab und zu einen Brief, nimmt einen Anruf entgegen und starrt zum Fenster hinaus, auf die gegenüberliegende Häuserwand, auf das gegenüberliegende Dach, und Langweile kriecht durch das Büro, Auswegslosigkeit eines Gefangenen in seiner Zelle, und morgen ist wieder ein Tag und übermorgen, und nur am Wochenende hat sie frei, aber da ist sie zu ausgelaugt, um irgend etwas zu tun, was sie freut, die Langeweile verfolgt sie nach Hause, sie spielt Platten und wäscht sich die schönen langen blonden Haare und zieht sich nicht an, läuft in einem Bademantel herum, der immer verschlissener wird, und trinkt vom Frühstück an eine Flasche Bier nach der anderen, und am Montag beginnt alles wieder von vorn.
Obwohl ich diese Not erkenne, reagiere ich oft ungeduldig, wenn sie ihre Litanei herunterbetet, daß sie nicht lebt, aber leben möchte. Doch die Gesellschaft hindere sie daran.

Wenn ich nur wüßte, was das ist: Nichtleben. Nichtleben heißt Totsein. Doch das ist nicht gemeint. Herumtreiber in Zwischenbereichen, leichtfertig mit der Sprache Umgehende, die den Sündenbock Gesellschaft brauchen, um das schwache Ich nicht zu spüren. Nichtleben ein Spiel, bei dem keine Karte sticht, ausgedacht von Wehleidigen, die glauben, sie hätten einen Anspruch darauf, nur Trümpfe in der Hand zu haben, was ihnen jedoch durch irgendeine obskure Macht versagt bleibt.

Ich kann mich Moni gegenüber nicht ausdrücken. Bin unsicher, ob ich sie mag. Ein verrückter Zustand, mit einem Menschen unter einem Dach zu leben und nicht zu wissen, wie ich zu ihm stehe. Zuneigung, Ablehnung, Gleichgültigkeit. Gleichgültigkeit überwiegt. Was interessiert mich Moni, ein infantiles Mädchen, das Mitte Dreißig ist und aussieht wie achtzehn. Unstabil, flattrig. Meist unfreundlich oder provozierend, dann wieder artig wie ein folgsames Kind. Bald nach meinem ersten Ausflug zum Kloster Schäftlarn gehe ich mit ihr zusammen noch einmal hin. Sie hat den Spaziergang vorgeschlagen, ist guter Laune und zutraulich. Sie fragt und fragt: Wie Hanna früher war? Immer so schwierig? Wie haben Sie sie kennengelernt? Hat sie was von Regie verstanden? War sie mit Urs auch befreundet? Kennen Sie Enzio? Warum sie ihn wohl geheiratet hat? Und warum hat sie sich so schnell von ihm getrennt, obwohl sie ihn doch immer wieder besucht? Wovon hat sie gelebt? Hat sie irgendwann einmal was Richtiges gearbeitet? War immer jemand da, der sie ausgehalten hat, so wie Sie?
Ich habe bereitwillig Auskunft gegeben, jetzt sage ich böse: Ich halte sie nicht aus, sondern gebe ihr eine bestimmte Summe, und dafür hilft sie mir.
Sie saugt Staub bei Ihnen und geht mit Ihnen spazieren. Aber mit welchem Gesicht. Daß Sie das nicht stört.

Es stört mich, doch will ich es nicht wahrhaben. Hanna ist verändert. Bleibt tagelang in ihrem Zimmer, liegt auf dem Bett; wenn ich zu ihr komme, sagt sie: Was willst du? Brennt's irgendwo? Laß mich gefälligst in Ruhe.
Ich habe das auf Moni geschoben, nicht aufs Staubsaugen und Spazierengehen. Vermutlich provoziert das Mädchen Hanna genauso wie mich. Nie weiß ich, was ernstgemeint ist oder nur hingesagt, um eine törichte Reaktion herauszulocken, über die sie sich amüsiert.
Als Moni mit der Fragerei über Hanna fertig ist, geht sie zu neuer über: Sie haben meine Großmutter gekannt? Gemocht? Als ich klein war, habe ich mich vor ihren rollenden R gefürchtet. Haben Sie sie noch auf der Bühne gesehen?
Natürlich nicht, eine alberne Frage. Was hat sie von Hanna gedacht? War sie fromm? Das wissen Sie nicht? Ich habe einmal vom Zimmer aus gehört, wie sie in einer Regennacht auf dem Balkon stand und immerzu vor sich hinmurmelte: Lieber Gott, laß ihn zurückkommen. Da hat sie für meinen Vater gebetet. Obwohl sie schon lange die Todeserklärung bekommen hatte. Aber sie schob das einfach weg, glaubte, er sei zu den Russen übergelaufen und freiwillig dort geblieben, weil er früher einmal Kommunist gewesen ist. Sagen Sie, war sie ein bißchen dümmlich?
Dümmlich? Deine Großmutter? Wie kommst du auf so etwas? Sie war eine unheimlich vitale, warm-

herzige, lebenskluge Frau. Dümmlich. Was für ein Wort. Wo hast du das her?
Das hat mein Astrologe gesagt,
O Gott, auch das noch. Marx und Astrologie.

Vor dem ersten Sommer sagt mir Hanna: Ich fahre mit Moni nach Südfrankreich. Mache mit ihr noch einmal unsere Reise zu den romanischen Kirchen. Du mußt verstehen, daß sie in diesem Jahr allein mit mir verreisen will. Im nächsten gehen wir dann zu dritt irgendwohin. Das heißt im Klartext: Ich, Hanna, will mit Moni allein verreisen. Ob es dir gefällt oder nicht.
So fahre ich ins Tessin wie jeden Sommer, sitze allein auf meinem Portico mit dem Blick über den Lago Maggiore und sage mir, daß es hier schöner ist als in den billigen französischen Hotels, in denen ich mit Hanna wohnte. Merke, daß ich mich belüge, es geht nicht um Schönheit, es geht um Nähe, gemeinsames Erleben, gammeln in kleinen Cafés, in Bistros, zuschauen beim Boulespiel, in Weinbergen herum stromern, die weiten Spaziergänge machen im Hinterland, Duft von Macchia und Sonne auf heißer, bröckeliger roter Erde. An den Abenden unter Menschen sein, dort, wo der Korso stattfindet und Liebschaften durch Blicke entstehen, oder am Hafen lungern, wenn die Fischerboote auslaufen und die Lampen sich im Wasser spiegeln, Teer, Tang, Jod riechen, müde werden zur gleichen Zeit.
Dies alles gab es zwischen Hanna und mir, solange

Urs lebte und für mich der wichtigste Mensch war, solange ich mich nicht darum scherte, mit wem sie verreiste, solange wir nicht zusammen wohnten.
Ich habe oft gedacht, gesagt: Hanna, meine Schwester ... Die Verbundenheit mit Hanna ist gestört, ich weigere mich, zerstört zu sagen, spinne weiter am Lügengewebe, daß die Schönheit hier mir so gut bekommt, und bin außerstande zu schreiben, obwohl ich Ruhe wie selten habe. Alles lenkt mich ab, da ist ein verdorrter Zweig, der geschnitten, eine verlauste Rose, die gespritzt, ein Beet, das gejätet werden muß. Das Gras steht schon wieder zu hoch, der Ziegenbock meiner Nachbarin knabbert am Feigenstock, Ruschko bettelt um einen Spaziergang. Trotz der hochsommerlichen Hitze steige ich auf einen Berg, stelle mich, wieder zu Hause, im Garten unter die Dusche, vergesse vor lauter wohliger Müdigkeit für kurze Zeit mein Alleinsein und meine Eifersucht, eine sehr komplizierte Eifersucht, bei der es weniger um Menschen geht als um das Erleben einer Reise, die ich nicht mitmachen darf. So war ich schon als Kind, ertrug es nicht, ausgeschlossen zu sein. Keine Erfahrung hat das geändert, nicht Emigration, Verfolgung, Untertauchen, als man versuchte, mich vom Leben auszuschließen, und ich mich dagegen stemmte. Jetzt hilft kein Wehren mehr, Altsein ist Ausschluß. Ich begreife, daß Hanna lieber mit Moni verreist, mit einem jungen Menschen, der noch staunen kann.
Kann ich es nicht mehr? Die häßliche Sage vom

Stumpfwerden im Alter stimmt nicht, ich bin so neugierig, so hingerissen von der Welt wie eh und je. Brauche keinen Luxus und keine Bequemlichkeit, will sehen, erleben, mitmachen.
Eines Tages sind die beiden da, unterbrechen die Rückfahrt nach München für einen Tag, erzählen, wie schön es war, auch daß sie sich manchmal gestritten und einmal sogar geprügelt haben, merken in ihrem Eifer nicht, wie sehr ich auf ein Wort Hannas lauere, daß sie Moni nicht all das gezeigt hat, was sie mit mir zusammen sah. Doch noch schlimmer, sie hat ihr mehr gezeigt: Weißt du, über den Pyrenäenpaß sind wir gefahren, über den wir damals wegen des Schnees nicht kamen. Aber du hast nicht viel versäumt, die Berge sind oben kahl und entstellt durch die häßlichen Retortenorte mit Rundtürmen und Hochhäusern.
Ich nehme gierig auf, daß gerade das, was ich nicht kenne, nicht so besonders schön gewesen ist.
Daß sich die zwei gestritten haben, anscheinend oft und heftig, wäre ein Trost, wenn sie nicht jetzt in bester Eintracht beisammensäßen und mich fühlen ließen, daß hier ein Wir gegen ein Ich steht. Ich bin eine Art Großmutter, denke ich zornig, eine, die vielleicht gemocht wird, aber das nimmt nicht weg, daß ich die Rolle nicht mag.

Wenige Wochen später kommt Hanna allein für acht Tage, und alles ist so, wie es immer war. Jeden Tag gehen wir auf einen anderen Berg, am Abend liegt

der Tisch voller Generalstabskarten, wir suchen uns Routen aus, die wir noch nicht kennen. Mit Hanna ist das Abenteuer zurückgekommen, die Freude am Unbekannten, Mißachtung der Gefahr.
Wieder einmal haben wir uns verstiegen, gehen auf einem steilen Grashang einem Felsabbruch entgegen. Bleibe hier sitzen, sagt sie, ich schaue, ob ich da oben am Grat weiterkomme. Ruschko läuft hinter ihr drein, sehr sicher auf seinen vier Beinen, ich warte, atme schwer, unter mir geht der Hang in senkrechte Felsen über. Dann höre ich Hanna rufen, sie steht auf dem Grat, wirft die Arme in die Luft, was bedeutet, daß ich nachkommen soll. Langsam stehe ich auf, gehe vorsichtig weiter, ängstlicher als früher, aber ich komme vorwärts, bin oben: da ist ein Trampelpfad, der hinauf zum Gipfel führt. Vom Mont Blanc bis zur Bernina können wir sehen. Sind müde, entspannt, zufrieden. Ich habe die Gabe, das, was mir im Weg steht, zu vergessen, vergesse Monika, es hat sie nie gegeben.

Als ich im Herbst nach München zurückkomme, haben die beiden von meiner Küche Besitz ergriffen. Es sei so lästig, entschuldigen sie sich, für jede Kleinigkeit zwei Stockwerke hinunter- und wieder hinaufzulaufen. Sie brauchen sich nicht zu entschuldigen, ich bin glücklich, jetzt wird gemeinsam gewirtschaftet, etwas wie eine Wohngemeinschaft entsteht. Die Mahlzeit ist eine Klammer, die zusammenhält, der Tisch ein Ort der Begegnung.

Manchmal koche ich, meist nimmt Hanna es mir ab, wir sitzen dann in der Küche und warten auf Moni. Ihre Bürozeit ist um fünf zu Ende, ab und zu kommt sie zur errechenbaren Zeit, manchmal zu früh, manchmal ein oder zwei Stunden zu spät. Dann sagt sie: Ich hatte Hunger und habe schnell in der Stadt gegessen. Oder: Ach, das Essen ist noch nicht fertig, ich sterbe vor Hunger; geht zum Eisschrank und schlingt das, was ihr zuerst zwischen die Finger kommt, in sich hinein, oder sie erklärt, heute keinen Appetit zu haben und gar nichts essen zu wollen. Sie setzt sich mit an den Tisch, langt mit ihrer Gabel in Hannas Teller und spießt sich ein Stück Fleisch auf, wortkarg, gelangweilt.
Wahrscheinlich macht ein solches Verhalten den jungen Leuten in ihren Wohngemeinschaften nichts aus, doch Hanna und ich sind nicht jung, man hat uns zur Pünktlichkeit erzogen, wir reagieren gereizt. Trotzdem halte ich eigensinnig an diesen Mahlzeiten fest, bin immer zur Stelle, sage nicht: Ich esse allein, das ist weniger anstrengend.
So etwas wie Gemeinsamkeit entsteht allenfalls, wenn wir abends an meinem großen Tisch im Wohnzimmer beim Skat sitzen. Moni kriegt das Spiel von uns beigebracht, stellt sich erstaunlich gut an, aber es dauert immer nur eine Weile, dann bricht die Zerstörungslust durch, und es ist nichts mehr mit ihr anzufangen.
Ihre irrationale Angst, die Angst vor dem Nichtleben, Angst einer ganzen Generation, die Wirklich-

keit nicht annehmen will, das Verlangen hat, nicht mehr mitzumachen. Tatsächlich die Angst einer ganzen Generation? Ich kenne auch andere, die – ja was? –, die angstfrei leben? Nein, das nicht, aber die aktiv geblieben sind trotz allem und – soll ich sagen, die sich angepaßt haben? Auch das geht nicht, die, ohne sich selbst zu zerstören, auch auf anderes bedacht sind als auf die Erfüllung der eigenen Wünsche. Den Kopf in die Hand gestützt, schaue ich das hübsche, hysterische Gesicht des Mädchens an und sage, wie in meiner Jugend reale Angst irrationale gar nicht aufkommen ließ. Hanna stimmt zu, auch bei ihr, der viel Jüngeren, sei das so gewesen.
Wir kommen ins Reden über die Hitlerzeit, bis Moni sich die Ohren zuhält: Hört doch endlich auf mit eurem ewigen Dritten Reich.

Komm zu mir, sagt Milia. Komm zu mir, sagt Evi. Komm zu mir, sagt Ruth. Dreimal hintereinander hat das Telefon geklingelt, dreimal haben mich Frauen, die ich mag, gerufen, dreimal habe ich nein gesagt. Ich brauche Menschen, Gespräche und verschließe mich. Lustlos wie nach hohem Fieber. Gäste einladen mag ich noch weniger. Wenn jemand bei mir ist, weiß ich, daß Hanna eher verhungern würde, als sich in der Küche etwas zu holen. Ich glaube, daß sie nicht einmal oben ins Bad geht, aus Angst, ein Fremder könne sie hören. Dann sitze ich da, verkrampft, gehemmt, und traue mich nicht, ein lautes Wort zu sagen. Bin mir selbst fremd. Spüre das Erstaunen

der Gäste. Wünsche sie fort.
Wie ich es aus dem Tessin gewöhnt bin, wo wir alles gemeinsam unternehmen, rufe ich jeden Mittag in den ersten Stock hinauf: Komm, Hanna, es ist Zeit, mit dem Hund spazierenzugehen. Es dauert manchmal lange, bis sie kommt, doch sie kommt immer, stapft mit schweren Schritten die Treppe herunter, führt Ruschko an der Leine zum Auto, setzt sich ans Steuer und fragt: Wohin willst du? – Sag du es, es ist mir gleichgültig. Sie schneidet eine Grimasse, schüttelt den Kopf, fährt nicht los, der Motor läuft. Du mußt schon so freundlich sein, dich zu entscheiden, sonst sind wir in einer Stunde noch immer da. Dann sage ich irgend etwas, Wald oder Hochufer oder Weiher, jetzt ebenso freudlos wie sie.
Wenn ein anderer Hund kommt, ruft sie Ruschko zurück. Er folgt ihr aufs Wort. Auffordernd sagt sie: Ruf ihn doch selber. – Du weißt, daß er bei mir nicht kommt. Darauf hält sie einen langen Vortrag, was für eine schlechte Pädagogin ich sei. Ja, sage ich, du hast ganz recht, aber ich möchte, daß er es gut bei mir hat. – Du willst geliebt werden, immer und von allen willst du geliebt werden. Warum gibst du es nicht zu? – Vielleicht, es kann ja sein. Vielleicht will ich wirklich nur von allen geliebt werden.

Das Verlangen, von allen geliebt zu werden, ist ein später Wunsch. Als Kind hätte ich nichts dafür getan. Wer mich nicht mochte, sollte es bleibenlassen. Die Mutter wünschte mich oft anders, dem Vater war ich

mit all meinen Fehlern recht. Wie ein eifersüchtiger Liebhaber richtete er es ein, möglichst vieles mit mir allein zu unternehmen. Führte mich auf meinen ersten Berg – ich kann nicht älter als sechs gewesen sein –, nur bis zum Unterkunftshaus wollte er gehen, doch als ich quengelte, stiegen wir bis zum Gipfel. Die Felstritte waren zu hoch für mich, er hob mich hinauf. Nahm mich mit in die Oper, hatte Karten in der ersten Reihe Mitte, direkt hinter dem Dirigenten, für die Walküre gekauft. Am Anfang des dritten Aktes bekam ich Angst, nicht vor den Kerlen, die als Walküren verkleidet mit großem Getöse über die Bühne ritten, sondern weil der Mann im Frack vor mir so wild mit den Armen herumfuchtelte.
Mein Vater liebte Wagner über alles, mir gefiel Mozart, auch Verdi besser. Um Vater nicht zu kränken, verschwieg ich es ihm. Aber ich war stolz und zufrieden, wenn er mir übers Haar strich und mich sein kühnes, herrliches Kind nannte.

Auch in diesem Winter liegt Hanna oft auf dem Bett, verdöst vom Trinken, von Schlafmitteln. Wir gehen nie mehr gemeinsam ins Kino, nie mehr ins Theater oder zu Ausstellungen. Einmal begleitet sie mich zu einer Eislaufmeisterschaft. Es siegt das russische Paar, die russische Nationalhymne wird gespielt. Ich stehe wie alle anderen auf, Hanna bleibt sitzen, höhnt von unten: Deine Scheißbürgerlichkeit. – Ich stehe auf, weil ich Sitzenbleiben für eine antirussische Demonstration halte. Es hilft nichts, ich bin abgestempelt: Steht bei Nationalhymnen auf, weil es im feinen Haus ihrer Eltern so Sitte war.

Mit Moni allein in der Küche. Wahrscheinlich wird mein Büro aufgelöst, sagt sie, dann sitze ich auf der Straße. – Unsinn. Du kannst doch eine Menge. Bist Sekretärin und Kindergärtnerin. – Wahrscheinlich werde ich ins Ausland gehen zu Kindern, am liebsten nach Übersee. Dabei sehe ich wenigstens was von der Welt und lerne Sprachen. Ich freue mich für sie, greife den Gedanken auf, ein wenig neidisch; ihr steht die Welt offen, die ich bestenfalls noch als Touristin bereisen kann. Wir sprechen über Afrika, Asien, Amerika, so viele Möglichkeiten. Ich erzähle ihr von Ländern, in denen ich gewesen bin, sie hört interessiert zu. Nach Afrika ginge sie am liebsten, nach Kenia vielleicht oder Tansania, jedenfalls irgendwohin, wo die Weißen nicht herrschen, aber dann mit einem tiefen Seufzer: Wie soll ich das anstellen, ich kenne ja niemand. Bei Afrika kann ich ihr nicht helfen, aber in den USA habe ich viele Bekannte und sage, wenn es ihr recht sei, werde ich gleich morgen an Freunde schreiben, die Kinder und Enkel haben. Irgend etwas fände sich da bestimmt. Das wäre natürlich ganz toll, bedankt sie sich strahlend.
Am Abend sagt Hanna: Du bist der Kleinen ganz schön auf den Leim gekrochen. Sie wollte dich doch nur testen. Und ist jetzt überzeugt, daß du nichts sehnlicher erwartest, als sie loszuwerden.

Ich bringe einen alten Pelzmantel zur Sommeraufbewahrung. Die Verkäuferin – Mittelalter, sehr schick, lange, rote Nägel – untersucht ihn kritisch. O je, der ist an vielen Stellen brüchig. Ja, gnädige Frau, Sie werden sich mit dem Gedanken vertraut machen müssen, ihn über kurz oder lang wegzugeben. Meine Antwort: Ich muß mich mit dem Gedanken vertraut machen, über kurz oder lang alles wegzugeben. Sie schaut mich fasssungslos an. Ich habe über mein Alter, habe über den Tod gesprochen. Das oberste aller Tabus verletzt.

Warum geht Moni nicht fort? Das ist kein Leben für einen jungen Menschen. Tagsüber sitzt sie ihre Bürostunden ab, und Abend für Abend hockt sie zusammen mit einer für sie viel zu alten Frau und gelegentlich noch mit mir, einer ganz alten. Sie muß doch Sehnsucht haben nach Gleichaltrigen, nach Männern. Wenn sie nicht übertreibt, hat sie viele Freunde gehabt, keine festen Bindungen, aber zuweilen recht intensive Liebschaften.
Ich kann Moni nicht verstehen. Ihre Skier stehen im Keller, warum fährt sie nie zum Skilaufen? Warum geht sie nicht auf den Fasching? Warum verschweigt sie ihren Freunden, daß sie mit einer Frau zusammenlebt, behauptet, ich und Hanna wären ein Paar und sie wohne nur hier draußen, weil es schön und billig sei?
Ich betreibe an ihr Verhaltensforschung wie an einem Wesen, von dem ich nichts weiß, nicht einmal, ob es

in der Wärme oder in der Kälte zu Hause ist, einem hübschen, aber ganz und gar fremden Wesen von einem anderen Stern.

Eine Autofahrt von einer Viertelstunde. Ich halte an einem Wiesenrain, lasse Ruschko aus dem Wagen, gehe einen kurzen Hang hinauf und habe die Berge vor mir. Zum Greifen nah, dunkelblau, es ist ein föhniger Tag. Jeder, der in Bayern lebt, hat eine eigene Meinung zum Föhn, haßt oder liebt ihn, leidet oder ist auf eine seltsame Art glücklich-gespannt. Ich gehöre zu denen, die ihn lieben. Mich macht er unruhig, regt an, stachelt auf, weckt Sehnsucht nach Reisen, und ich frage mich, während der Hund mich in großen Bogen auf der sich senkenden Wiese umkreist, warum ich nicht fortgehe? Nicht nur für zwei oder drei Wochen, für immer. Aber wohin? Und allein? In ein Land, dessen Sprache ich nicht oder nur schlecht spreche, wo ich keine Freunde habe? Ich bin zu alt, um noch heimisch zu werden in einer Fremde.

Aber da ist mein Haus im Tessin, das ich liebe. Doch ich würde stumpf werden, zu einem Kräuterweib verkommen, wenn ich im Winter dort sein müßte, isoliert, wenn es um vier schon dunkel wird, der Schnee mir das Herunterfahren schwer oder unmöglich macht, ich nichts im Garten tun kann, nur ganz selten Hausgäste habe, sonst reihum Einladungen bei Menschen, die mich nicht interessieren, mit denen ich über nichts, was mich bewegt, sprechen kann. Auch das geht nicht.

Doch immer hier bleiben, zusammengesperrt mit den beiden, die zu jung für mich sind, zu denen ich nicht gehöre, die mich quälen, die ich quäle. Ich könnte auch zu ihnen sagen: Zieht aus.
Ich könnte, aber ich kann nicht. Das Geld, von aller Welt für einen Freiheitsbringer gehalten, macht mich unfrei. Ob ich selbst ausziehe oder Hanna und Moni hinauswerfe, bleibt sich gleich: sie sitzen auf der Straße. Können die Miete allein nicht bezahlen. Ich habe zuweilen das lächerliche Gefühl, daß sie ohne mich verhungern oder zumindest verkommen würden, obwohl sie ja auch vor unserer gemeinsamen Zeit ganz gut gelebt hatten.
Seifenblasengedanken. Das Geld ist bloß eine Ausrede, mit der ich mich vor mir selbst verstecke. Ganz einfach: ich will Menschen, die ich habe, nicht loslassen. Auf Moni zu verzichten, die ich nicht habe und auch gar nicht haben möchte, wäre leicht. Hanna liebe und brauche ich. Ich schlafe beruhigter ein, wenn sie zu Hause ist, und fühle mich beschützt, auch wenn sie mir wehtut.
Wir sind abhängig voneinander. Sie auch von mir, daran zweifle ich nicht. Das kann gut oder schlecht, ein Glück oder Unglück sein. Viele Jahre ist es ein Glück gewesen. Aber da hat niemand gesagt: Ihr seid so verschieden. Habt völlig andere Bedürfnisse. Moni sagt es unentwegt.
Sie kann Hannas Abhängigkeit von mir nicht ertragen. Die äußere nicht und die innere schon gar nicht. Wünscht sich eine Leidensgenossin, will, daß

Hanna arbeitet. Ich will es nicht. Weiß, daß es nicht recht ist von mir, und will es doch nicht. Wenn sie arbeitet, wird sie nicht mehr ganz für mich da sein. Als ob sie jetzt für mich da wäre. Illusionen züchten. Schöne Bilder auf eine Leinwand werfen, die nichts ist als Luft.
Wir zerren beide an ihr, und schließlich bin ich der Sieger, weil Hanna eine feste Arbeit nicht mag und froh ist, daß jemand sie zurückhält.

Hanna hat mich bei dem ersten Telefongespräch aus München vor den Schwierigkeiten gewarnt. Ich habe das beiseite geschoben und gedacht: Damit werde ich fertig. Mit allem fertig werden: ein von der Mutter eingeimpfter Glaube, der Neurosen verdeckt und mich in meinen späten Jahren in den letzten, aussichtslosesten Kampf gegen das Alter treibt. Mit Menschen zusammenleben, die jünger sind, das paßt in mein Konzept. Ich färbe mir nicht die grauen Haare, schminke mir höchstens die Lippen, ziehe keine jugendlichen Kleider an, aber will von Jungen akzeptiert werden. Und jetzt führt mir dieses Mädchen mein Altsein kühl und überlegen vor.
So übe ich mich im Damitfertigwerden, sage mir, daß ich es besser habe als viele meiner Altersgenossen, die allein zurückgeblieben sind. Ich kann reisen, weil Hanna den Hund versorgt, brauche mir nicht den Kopf zu zerbrechen, wie ich das Gepäck bewältige, Hanna bringt mich zum Bahnhof oder Flugplatz und holt mich wieder ab, sie schaufelt im Winter den

Schnee und mäht im Sommer den Rasen. Lauter Erleichterungen. Doch was mich bindet, ist mehr.
Ist die Neugier auf jede Reaktion der beiden, auf ihre schwierigen, beschädigten Leben, meinem eigenen schwierigen, beschädigten Leben so vertraut. Wenn ich mit meinesgleichen zusammenkomme, mit alten, mehr oder weniger bürgerlichen Menschen, höre ich nichts, was ich nicht schon weiß. Die Zeit plätschert für sie dahin wie ein freundlicher Gebirgsbach, an dessen Ende ein Wasserfall über Felsen stürzt. Auf dieses Ende warten sie mit Angst, doch ergeben. Sie leben so, wie sie immer gelebt haben, pflichtbewußt, langweilig, auf alles Neue schimpfend, ohne Lust, Dinge zu erfahren, die sie noch nicht kennen. Hannas und Monis Unberechenbarkeit reißt mich mit, hält mich wach. Dafür lohnt es sich, Schmerzen zu ertragen.

Ich begreife nicht, warum wir es so schwer haben miteinander, warum Hanna mir mehr und mehr entgleitet.
Ist es nicht nur Moni, sondern das Zusammenleben mit zwei Frauen, das ich nicht bewältige? Ich komme aus einer Zeit und einer Schicht, in der es selbstverständlich war, daß eine Frau zu einem Mann gehörte, und wenn es ihn nicht mehr gab, zu niemandem. Eine Witwe hatte ausgespielt, wurde kalt verbrannt. Das hat sich geändert, aber mache einer was gegen Kindererfahrungen, zu denen auch gehört, daß es für eine Frau eine Ehre ist, wenn ein Mann sie intelligent

genug findet, sich mit ihr auch anderswo als im Bett abzugeben. Eine patriarchalische Welt, mulier taceat in ecclesia, und in der Synagoge erst recht. Ich mag Frauen, hatte von jeher viele Freundinnen, aber bevor Hanna in mein Leben kam, war keine sehr wichtig. Die mir nächsten Menschen: mein Vater (viel näher als die Mutter), mein Bruder, Waiki und Urs. Ein paar Freunde und Lieben schon weiter entfernt. Und plötzlich im Alter nur noch Frauen. Würde es leichter sein, wenn Hanna ein Mann wäre? Ich gehe diesem Gedanken oft nach, leidenschaftlich versponnen, und bin glücklich dabei, bis ich begreife, daß ein Mann zwischen zwei Frauen, einer alten und einer jungen, möglicherweise noch mehr Komplikationen bringen würde.

Doch die Sehnsucht nach Männern bleibt. Auch als ich die Entdeckung mache – es ist wirklich eine, wie wenn ich auf einer Reise unbekanntes Land betreten hätte –, daß die mir so sehr gefallenden, engagierten und selbstsicheren jungen Frauen, verheiratet oder unverheiratet, sich lieber mit Frauen unterhalten, von Frauen geschriebene Bücher bevorzugen, zärtlich zu Frauen sind. Die ihren sie bewundernden Vätern entlaufenen Prinzessinnen haben die heimischen Königreiche verlassen und beschlossen, gleichwertige Menschen zu sein. Sie sind in die Niederungen des Geldverdienens hinunter- und zu den Höhen des Denkens hinaufgestiegen. Von beiden Orten, die ihnen zu einem wurden, starten sie ihren Kampf. Sie führen ihn schlau, leise, noch ohne sichtbaren Erfolg.

Kriege und andere Untaten können sie nicht verhindern, sind keine Lysistratas, die sich doch wieder nur männliches Verhalten nutzbar machen. Aber wenn es den Patriarchen und Mandarinen nicht vorher gelingt, die Welt zu vernichten, ist vorauszusehen, daß unerhört Neues sich in den nächsten Generationen ereignen wird.
Meine Entdeckung beglückt mich, macht mich heiter in einer Zeit, in der es so wenig Grund zur Heiterkeit gibt. Je älter ich werde, desto lieber habe ich Frauen. Das nimmt meine Träume nicht weg, in denen ich mir wünsche, Hanna möge ein Mann sein.

Genug an die Männer gedacht. Wir sind drei Frauen, und basta.
Wenn mir einer hilft bei einer Reifenpanne oder bei etwas anderem, wofür ich seine Kraft brauche, sage ich ihm als Dank: Wie praktisch ist es, ein Mann zu sein. Worauf er geschmeichelt lacht.
Eine Frau würde das nicht so schlucken.
Und doch: Nie zu Ende das Verlangen, mit einem Mann zu dem einen Menschen zu werden, der – ich will es pathetisch sagen – von der Schöpfung gemeint ist.
Waiki und ich: der Anfang des rechten Weges.
Dann der Bergrutsch, die Steinlawine, der Weg verschüttet. Für immer.
Wir sind drei Frauen, und basta.

Als ein Gott kam jeder gegangen (Hofmannsthal)
Ich liebe mein Haus im Tessin, mit dem zu großen Garten, den ich nicht mehr bewältige, den ich oben, wo er flach ist, pflege und unten, wo ein Hang in felsigen Abbruch übergeht, verwildern lasse. Den Sommer von Mitte Juni bis Ende Oktober dort zu sein, war lange gute Gewohnheit, doch allmählich wird die starre Zeiteinteilung zum Zwang. So unterbreche ich den Aufenthalt, fahre nach Bayern zurück und sage, daß es jetzt an der Zeit sei, mit Hanna die Kinderberge rund um den Tegernsee zu besteigen. Etwas, das ich mir sehr schön vorstelle, aus dem aber dann nichts wird. Entweder ist es zu heiß oder es regnet, oder es ist gerade Wochenende und niemand, der nicht auf diese zwei Tage angewiesen ist, fährt dann ins Gebirge. So gehen wir nun auch im Sommer in Isarnähe spazieren, jeden Tag, immer zur gleichen Stunde, reden Gleichgültiges, aus Gleichgültigem entsteht Langweile, aus Langweile Streit.
Moni hat mittlerweile eine Stellung als Kindergärtnerin in einer Klinik für gestörte Kinder gefunden. Ist weniger verkrampft, die Arbeit scheint ihr Freude zu machen, abends keim Skat erzählt sie von ihren Fällen, kindlich, unbewegt, und ich, die Kinderlose,

die überhaupt wenig Beziehung zu Kindern hat (ich sage: die Ohren, ich verstehe Kinder so schwer), bin von Monis Berichten über das Elend verstört. Hilflos vor den Grausamkeiten der Natur, ohne mich durch den Haß erleichtern zu können, der mich bei den von Menschen verübten Grausamkeiten überkommt. Ich kann mir gut vorstellen, daß die Kinder Moni mögen; ein großes Kind spielt mit ihnen, das weder Überlegenheit noch Mitleid der Erwachsenen zeigt. Ganz anders zu Hause: wenn sie mit ihren Erzählungen fertig ist, fängt sie an, Zensuren auszuteilen: Du bist eine Sprüchemacherin. – Da denken Sie ganz verkehrt. – Dafür eignest du dich nicht. – Das sind Dinge, mit denen Sie nie etwas zu tun hatten, die Sie nicht verstehen. Ich möchte mich wehren, bringe es nicht fertig, nur einmal stehe ich plötzlich auf, sage unfreundlich gute Nacht und gehe in mein Schlafzimmer. Höre Moni hinter mir herlachen.

An meinem Geburtstag essen wir auswärts, trinken Wein, zu Hause dann noch eine Flasche Sekt. Leicht beschwipst und angenehm müde fange ich gerade an, mich auszuziehen, als die Tür leise aufgeht, ohne daß angeklopft wurde, vielleicht habe ich auch das Klopfen nicht gehört, Moni kommt herein, stellt sich neben mich, legt mir die Arme um den Hals, küßt mich lang, heftig und sagt dazwischen immer wieder: Ich mag Sie, ich mag Sie sehr. Ich bin erstaunt, überwältigt, so lange Zeit war niemand mehr zärtlich zu mir, erwidere die Küsse, umschlinge das Mädchen, fühle den schmalen jungen Körper, der hart und biegsam ist, werde überflutet von Zärtlichkeit. Dann schiebe ich Moni weg, schüttle den Kopf und sage: Hanna. Moni lächelt: Hanna hat mich geschickt. Ich soll sie rufen. Durch meinen verwirrten Kopf flitzen Gedanken, das alles ergibt keinen rechten Sinn, das Mädchen ist neugierig auf eine alte Frau, ich bin neugierig auf das Mädchen, habe noch nie mit einer Frau, immer nur Männer, etwas Neues kommt, warum denn nicht, und plötzlich sehe ich die Rettung, alles kann gut werden, muß gut werden. Ganz schnell drücke ich sie noch einmal an mich, küsse sie und flüstere: Hol Hanna.

Es mag Neugier gewesen sein, doch bald ist es mehr. Moni und ich haben uns ineinander verliebt. Obwohl ich glücklich bin – glücklich? zufrieden wohl eher, geschmeichelt –, sage ich zu Hanna: Ich fahre ins Tessin zurück. Das wird kein gutes Ende nehmen. Hanna verzieht den großen, noch immer schönen Mund: Hast du Angst vor deiner eigenen Courage? Steh doch zu dem, was du tust. Jetzt erst wird alles gut. Als ich das höre, was ich selbst gedacht habe, gebe ich nach und bleibe, bleibe noch zwei Wochen, die erfüllt sind von Zärtlichkeit und Freude. Moni, die auch jetzt nicht bereit ist, mich zu duzen, sagt manchmal: Sie mögen mich, wie Sie den Ruschko mögen, wie einen kleinen oder meinetwegen auch großen Hund. Ich widerspreche, doch weiß, daß sie recht hat. Es kommt noch immer zu keinem Gespräch; wir verständigen uns mit Blicken, Lächeln, Berührungen, nicht mit Wörtern.

In meiner Jugend, es gab Waiki und Urs noch nicht, die großen Lieben, die Bindungen, da waren es viele. Sie mußten jung sein und schön, das reichte, manchmal nur für eine Nacht, manchmal für ein paar Wochen. Ein Hans, ein Sebastian, ein Michael, ein Gaston, ein René. Oft glücklich, wußte ich um die Selbständigkeit, die mir aus der Art dieses Lebens erwuchs.

Jetzt, nach so vielen Jahren, kehrt das Gefühl der Freiheit zurück, alles tun zu können, was mir gefällt. Ohne Rücksicht.

Die Gefährten der frühen Zeit nahmen meine Beteuerungen nicht ernster, als sie gemeint waren. Ein junger Mensch sagte: Ich liebe dich. Ein anderer junger Mensch klang wie Echo: Liebe dich. An den nächsten Tag dachten beide nicht. Wenn die Liebe dann noch dauerte, war es gut, wenn sie zu Ende war auch.

Jetzt spüre ich Wenns und Abers und Müdigkeit, denke an den nächsten Tag und daß dann die Liebe aufhört. Habe Angst, daß Moni mir zu sehr glaubt, alles, was ich sage, für bare Münze nimmt, weil sie mir vertraut. Sie fühlt meine Vorbehalte, ohne die Ursache zu kennen, kann sie nicht kennen, sie ist noch nicht alt gewesen.

Hanna kennt sie. Ist unzufrieden mit mir und hat recht. Ihre Zustimmung, ihre Begeisterung der ersten

Zeit ist Ernüchterung gewichen. Doch noch macht sie mit, und es ist ihr Vorschlag, daß wir zu dritt nach Sizilien fahren. Vielleicht täte eine Reise uns allen drei gut, meint sie deprimiert.
Du hast keinen Grund, traurig zu sein. Moni liebt dich. Wenn es je etwas Trennendes zwischen euch gab, ist es jetzt vorbei. Durch mich bekommst du sie wieder.
Ihr Gesicht verdüstert sich. Sie gibt keine Antwort. Das hätte ich nicht sagen dürfen, eine Nichtliebende zu einer Liebenden. Aber ich habe es gesagt, da ist nichts gutzumachen.

Ich fahre an dem Haus vorbei, in dem ich die Kindheit verbrachte, habe Zeit, parke um drei Ecken herum, gehe zurück, stehe auf der gegenüberliegenden Straßenseite, hoch über der Isar, in den Anlagen, wo im Frühjahr die Mandelbäumchen rosa blühten, und schaue auf unsere Wohnung im zweiten Stock. Das Haus ist ein wenig verkommen, der Putz bröckelt ab. Zwanzig Jahre habe ich hier gewohnt. Die auf der Einbahnstraße in drei Spuren fahrenden Autos machen alles fremd. Da geht kein kleines Mädchen mehr mit einem Schulranzen und kein größeres mit der Mappe steigt aufs Rad, hinter dem Fenster sitzt keine Halbwüchsige und schreibt Geschichten, keine junge Frau steht mit der Mutter in der leeren Wohnung und nimmt Abschied von diesen Räumen, als die Eltern in der Nazizeit endgültig an den Tegernsee ziehen. So endgültig, daß nichts mehr übriggeblieben ist.

Doch auf einmal ist eine Erinnerung da, stark, überwältigend: Ich stand vor der Haustür und wartete auf Waiki, der mit einem Taxi kommen würde. Es war März 1933, er war verhaftet gewesen, zusammen mit der ganzen Direktion der Kammerspiele, die andern hatte man freigelassen, doch ihn, den zweiten Dramaturgen, den unwichtigsten von allen, behalten, weil er ein Jude war. Er saß im Polizeipräsidium, hatte es relativ gut, ich durfte ihm Essen bringen und Bücher, doch nicht ihn sehen. Eine Woche lang hatte ich einen brutalen Schnellkurs über Faschismus mitgemacht und dabei das Undenkbare zu denken gelernt: Wenn es möglich war, einen Menschen ohne Verdächtigung, ohne Anklage sieben Tage lang festzuhalten, konnten es auch sieben Wochen, sieben Monate, sieben Jahre sein.
Viele Menschen traten für Waiki ein, nichts half. Schließlich war es meiner Mutter gelungen, einen prominenten Nazi zu mobilisieren, und an einem Tag, an dem der Polizeipräsident Himmler und sein Vize Heydrich in Berlin waren, wurde Waiki genauso ohne Angabe von Gründen wie bei der Verhaftung entlassen. Mußte einen Wisch unterschreiben, daß er sich bedroht gefühlt und deshalb freiwillig in Schutzhaft begeben habe und, falls er sich aufs neue bedroht fühle, sich wieder freiwillig in Schutzhaft begeben werde. Wenn er nicht unterschreibe, müsse er dableiben. Da setzte er seinen Namen auf das Papier. Er rief mich an und sagte, er werde mit einem Taxi kommen, auf das ich jetzt wartete. Ich sah, wie es hielt, er

stieg aus, hatte seinen hellen Kamelhaarmantel an, dann sah ich nichts mehr, lag in seinen Armen und weinte.
Ich gehe bis zur nächsten Ampel, überquere bei Grün die Straße, gehe bis zu dem Haus zurück, bis dahin, wo ich weinend in seinen Armen lag. Und weiß, daß es keinen Augenblick in meinem Leben gegeben hat, in dem ich glücklicher war.

Ich habe mich, wie könnte es anders sein, immer vor dem Tod gefürchtet, doch mich auch nach ihm gesehnt. Es gab Zeiten, da ich das Bedürfnis hatte, die Sehnsucht durch Gefahren anzustacheln. Geblieben ist Resignation. Der einsame Weg in die Kälte.
Junge Menschen sterben leichter als alte, hat mir Andrea gesagt. Sie war jung, Ärztin, wenig später starb sie im Wochenbett, ohne daß ich erfuhr, wie schwer oder wie leicht ihr der Tod wurde.
Es gibt Stunden, in denen ich mich an das Leben klammere auf eine Weise, die ich früher als anstößig empfunden hätte, wie ein Fresser, der nicht genug bekommen kann, obwohl er längst satt ist.

Wechselbäder, extrem

Sizilien hat sich verändert. Aus dem Land der Esel und buntbemalten Wagen ist eines geworden, in dem die Bauern mit dreirädrigen, motorgetriebenen, ratternden, stinkenden Karren auf die Felder fahren. An den Küsten stehen Fabriken und Raffinerien, aber die Menschen sind arm geblieben. Autobahnen zerschneiden die Insel, Hochhäuser überwuchern die Städte, Beton erdrückt Stein. Die Papyrusstauden am Flüßchen Cyane sind kahlgerupft, jeder Tourist in den Motorbooten bekommt ein Blatt als Souvenir. Die Fremden stehen Schlange vor den Latomien, den Steinbrüchen, in denen griechische Kriegsgefangene umkamen, vermutlich auf ebenso bestialische Weise wie Waiki und die anderen Juden im Steinbruch von Mauthausen.

Ich stehe nicht in der Schlange, gehe nicht hinein, bleibe zwischen den Buden zurück, in denen bunter Kitsch angeboten wird. Ein Italiener spricht mich an, überzeugt, daß eine Frau allein, gleich welchen Alters, auf Männerfang aus ist. «Non parlo italiano», sage ich hastig, er aber redet ein bißchen deutsch, ist ein Gastarbeiter aus Köln und fragt mich in seinem Kauderwelsch, warum ich in dieses Land der Diebe, Räuber und Halsabschneider gekommen sei. Ihm wäre alles weggenommen worden in Palermo, er sei nur da, um alte Mamma zu besuchen, doch nie wieder. Ich nicke ihm zu, wende mich ab, lasse ihn stehen. Gehe an den Buden entlang, kaufe mir ein Tütchen mit buntem Zuckerzeug, das ich, obwohl es klebrig ist und widerlich süß schmeckt, auf einen Sitz hinunterschlinge, ein Zwang, dem ich unterliege, wenn ich unglücklich bin und Tränen zurückdränge. Ich wiederhole seine Frage, warum bin ich hergekommen, warum falle ich immer wieder auf die Vorstellung herein, daß Reisen schön sei, so schön wie damals, als auch für mich Orte wie die Latomien nichts anderes bedeuteten als eine im Lauf der Zeit zur Idylle gewandelte Stätte urweit zurückliegender Grausamkeit.

Moni staunt nicht. Moni kann nicht staunen. Selbst wenn Moni staunen könnte, machen wir es ihr unmöglich mit unserer Eifersucht, unserer Unaufrichtigkeit, unserer Besserwisserei.
Hanna und ich streiten uns, hassen uns, sind einig nur im Nachtrauern: Wie großartig waren die Trümmer von Selinunt, als sie auf der Erde herumlagen, noch nicht zu diesen Sightseeing-Tempeln zusammengesetzt, mit den Nummern der Archäologen auf den Säulenschäften; wie aufregend war die Spannung zwischen Tempel und Theater in Segesta, bevor eine Autostraße den Hang verhunzte. Wie gut, als noch kein Bus die Touristen auf den Ätna karrte und nur die Funi bis zum Observatorium ging, von wo aus

die wenigen, die das wollten, zu Fuß weiter mußten. Wir hätten nicht zu dritt verreisen dürfen. Es war vorhersehbar, daß es nicht gutgehen konnte. Wir haben es vorhergesehen und es doch nicht gelassen. Hanna und ich, Rivalen im Kampf um denselben Menschen, doch spielt sie dabei die bessere Rolle, weil sie es ernster meint.
Die beiden teilen ein Zimmer, ich schlafe allein. Manchmal kommt Moni zu mir, wir tauschen hektisch Zärtlichkeiten, aber sie sagt jedesmal schnell: Lassen Sie mich, ich muß zu Hanna. Das ist zu Ende, dagegen ist nichts zu sagen, das hätte ich früher leicht akzeptiert, auch daß nicht ich es war, die ein Ende gemacht hat. Jetzt bin ich empfindlich, jetzt tut es weh.

Wir steigen von dort, wo früher die Talstation der Funi war, auf den Ätna, über aschgraue, mit spärlichem Grün durchsetzte Hänge. Öde und faszinierend. Hanna und ich haben uns am vergangenen Abend gestritten, sprechen nicht miteinander, ich gehe weit voraus, die beiden folgen nur langsam. Plötzlich kommt Moni zu mir: Hanna sagt, es sei nur Ihr blöder Ehrgeiz, der Sie da hinauftreibt, Freude könne es Ihnen ja in Ihrem Alter nicht mehr machen.
Ich gehe weiter, tief verletzt. Kein anderer Mensch weiß so gut wie Hanna, welche Leidenschaft Bergsteigen für mich ist. Hat sie Moni zu mir geschickt, um mir das zu sagen? Ist Moni von selbst gekommen? Schwaden des Hasses umziehen mich und machen das Gehen schwer.

Als wir an die Stelle kommen, wo früher das Observatorium stand, sind wir gezwungen, darüber zu sprechen, welchen Weg zum Gipfel wir wählen wollen, einigen uns auf den Westhang, steigen weiter, schweigend, erst über flaches, dann immer steileres Gelände, der Untergrund wird rissig, Rauch dringt aus den Spalten, es donnert leise und zischt. Große Lavabrocken müssen überwunden werden, ich fasse einen an und ziehe die Hand mit einem Schrei zurück. Ich habe Heißes, Glühendes berührt.
Aus dem Hauptkrater steigt schwefeliger Dampf auf, die in allen Farben strahlenden Wände verhüllend und wieder freigebend. Über dem Meer liegt Nebel, der nach oben drängt. Um uns kreisen schreiende schwarze Vögel. Empedokles hat sich in diesen Krater gestürzt, er, der an Vergehen nicht glaubte, ist hier vergangen. Verlangen, es ihm nachzumachen. Die Tiefe hat einen Sog. Ich trete nach vorn, stelle mich auf die Zehenspitzen, starre hinunter. Spüre Hanna hinter mir, ein leichter Stoß von ihr, und ich werde fallen. Jäher Donner, wie ich ihn noch nie gehört habe, gleich wird alles zusammenbrechen, der Berg, die Welt. Da faßt sie mich an der Hand, zieht mich zurück, ich zittere, sie legt ihren Arm um mich, bis ich ruhig geworden bin und mit weichen Knien den Abstieg beginnen kann.

In Agrigent, Agrigento, kommt es zwischen Hanna und mir zum großen Krach, grundlos, schon nach ein paar Minuten wissen wir nicht mehr, wie es angefangen hat. Der Ort, den ich einmal schön fand und nicht mehr schön finde, macht meine Verzweiflung nur größer. Auch die Landschaft ist nicht mehr schön, ich weiß nicht, warum, es ist so. Hanna sagt, sie wolle wegfahren, mit der Bahn, die lange Fahrt störe sie nicht, aber eine müsse Schluß machen, mit dieser Reise, mit München, dem Zusammenwohnen, mit allem. Ich weine, und Moni weint, und wir gehen an den Tempeln vorbei und schauen sie gar nicht an. Und dann fahren wir alle drei zusammen nach Syrakus.

In Kalabrien, an der Ostküste, wohnen wir in einem kleinen hochgelegenen Ort, in einem schönen Gasthof mit dicken Mauern. Hier ist es noch so, wie es früher war, keine Touristen, keine schludrig errichteten Hotels, die, kaum fertig gebaut, schon anfangen zu zerfallen. Aussprachen, und Hanna betrinkt sich, und wieder Aussprachen, die zu nichts führen. Hanna sagt: Ich will kein Geld mehr von dir, ich will nicht mehr abhängig sein. Gib es Moni, da tust du ein gutes Werk, sie arbeitet ungern. Aber ich will Moni kein Geld geben und mit ihr ohne Hanna nicht zusammenbleiben.

Auch Trani hat seinen Glanz verloren. Der letzte Abend, wortlos, ohne Tränen. Am nächsten Tag nach München, zwölf Stunden Fahrt, Hanna und ich wechseln uns alle drei Stunden ab. Bei Bologna fängt der Wagen an zu klappern. Ein Lager, sagt Hanna, die mehr vom Motor versteht als ich. Wir fahren trotzdem weiter. Schweigend, ohne anzuhalten, ohne

zu essen. Bis München wird der Wagen schon halten. Und er hält.
Hanna und ich holen Ruschko bei Freunden ab, und wir fahren gemeinsam ins Tessin. Eine Nacht lang bis zum frühen Morgen sprechen wir zusammen. Ich, die selten trinkt, Betrunkene nicht mag, trinke zwei Flaschen Fendant, merke, wie frei mich der Wein macht, kann alles sagen, woran ich in der letzten Zeit fast erstickt bin. Hanna ist eine gute Zuhörerin, vernünftig, behutsam. Sie, die sagt: Voyeure irritieren und lähmen mich, und die mit einem Voyeur jeden meint, der mit seiner Anwesenheit eine Zweisamkeit stört, zieht sich zurück, sobald ein Dritter dabei ist. Eine für mich oft verhängnisvolle Eigenschaft von ihr, die mir heute zugute kommt: Wir sind allein.
Ich nehme dir Moni nicht weg, kann es gar nicht, sie gehört zu dir. Aber vergiß über dem Glück mit ihr mich nicht ganz, ich brauche dich. Deine Nähe, so wie jetzt, unsere Gemeinsamkeit. Ich kann nur schreiben, wenn ich weiß, du wirst es als erste lesen, mein gutes Gewissen sein. Oder nimm diesen Garten, wir haben jeden Baum gemeinsam gepflanzt. Bäume pflanzen ist wichtig, denn die Bäume werden überleben.
Ich stehe auf, schwanke, sage, ich sei nicht imstande, noch mit dem Hund wegzugehen. Sie ruft Ruschko, nickt mir zu, ich torkele in mein Zimmer, falle ins Bett.

Vielleicht schaffen es ja auch die Bäume nicht.
Hanna und ich hocken auf der breiten Liege im

Wohnzimmer vor dem Radio und warten auf Nachrichten, die langsam und spärlich kommen. Sie werden die Stammheimer freilassen, sagt Hanna, sie können nicht das Leben der Menschen im Flugzeug aufs Spiel setzen. – Sie können sich nicht erpressen lassen. – Das meinst du wirklich? – Ja, das meine ich wirklich. Sie ist wie immer entschlossener und radikaler als ich. Ich denke, was alle Bürger denken. Trotz Verfolgung, Mord, trotz meiner lebenslangen Verehrung für Antigone. Vernünftig. So habe ich es gelernt. Es ist nicht auszurotten.
Sehr spät kommt der Bericht aus Mogadischu. Drei Menschen tot, einer schwer verwundet. Vier Mörder, die den Kapitän hingerichtet haben. Die Geiseln sind frei. Ich lächle. Bist du erleichtert? fragt Hanna. Ja. – Und wenn es schiefgegangen wäre? – Es ist nicht schiefgegangen.
Dann drehen wir das Radio noch einmal an. Und hören von den drei anderen Toten in Stammheim, die sich umgebracht haben. Wir schauen uns an, denken beide: Mord. Sie wartet, bis ich es sage. Wir umarmen uns und weinen.
Am Morgen glaube ich an Selbstmord. Die Indizien sprechen dafür. Doch bleibt ein Rest des Zweifels. Der Gedanke, daß auch die Bäume uns nicht überleben, ist realer geworden.

Weil wir Mäuse in der Wohnung hatten, kauften Waiki und ich, kurz bevor die Deutschen Holland überfielen, eine Siamkatze. Sie war das schönste Tier, das ich je besaß, sie war das einzige, das ich nicht mochte. Ihre Krallen waren wie kleine scharfe Messer. Zum Schleifen benutzte sie nicht das Stück Holz, das wir ihr hinlegten, sondern die Lehnen der Sessel und die Tapeten, die bald in Fetzen herunterhingen. Erst machte mich das rasend, aber je länger der Krieg dauerte, je hoffnungsloser unsere Lage wurde, desto besser gefiel es mir. Stellvertretend lebte die Katze Aggressionen aus, die wir nicht zeigen konnten. Eines Abends bekam sie Krämpfe; noch ehe der Tierarzt eintraf, war sie tot. Wir blieben zurück, mit unserer Angst, die kein Ventil mehr hatte.

Im oberen Stockwerk stehen die Türen offen, Hanna und Moni sagen, das müsse sein, weil sie sonst in der Enge erstickten. Bin ich im Zimmer, höre ich nicht viel, aber sobald ich auf den Gang trete, bricht es los. Brennt auf der Haut, nimmt mir die Luft. Monis nicht endendes hysterisches Husten. Es klingt, als würde sie sich die Lunge aus der Brust spucken. Dazu spielt sie Platten auf voller Lautstärke und unterhält sich mit Hanna von einem Zimmer zum anderen. Meine Nerven sind überreizt, die Geräusche foltern. Wäre es oben still, würde ich das Alleingelassenwerden besser aushalten. Glaube, daß ich es besser aushalten würde. Vielleicht hätte ich dann keinen anderen Wunsch, als nur einen einzigen Laut zu hören, der mich fühlen läßt, daß da Menschen sind.
Zwischen Hanna und mir eine Wand, nicht zu durchdringen. Die beiden sind abweisend, ich bin es auch.

Wir essen weiter gemeinsam, spielen auch ab und zu Skat, aber das verstärkt nur mein Gefühl, daß es in Wahrheit keine Gemeinsamkeit gibt.
Ich sitze an meinem Tisch, starre vor mich hin, rauche, lese fahrig, ein bißchen in dem einen, gleich darauf in einem anderen Buch, schiebe die Bücher weg, nehme die Zeitung, überfliege einen Artikel, den ich schon kenne, merke es zu spät, mache die Augen zu. Bestimmt lachen sie jetzt und sagen: Wir können ruhig laut sein, die Alte hört es ja doch nicht. Oder schlimmer: vielleicht wissen sie sehr genau, daß sie mich quälen, es ist berechnet. Moni nimmt Rache an einem Menschen, von dem sie glaubt, daß er es besser hat, immer besser gehabt hat. Doch Hanna?
Gespenster, ein Damm bricht. Ich esse bei Georg und Liesl, alten Freunden, denen ich bis jetzt nur immer erzählte, wie gut es mir gehe. Doch an diesem Abend zerstöre ich das mir selbst auferlegte Tabu, schreie Hannas Namen heraus, mache sie, die ich doch liebe, schlecht, übertreibe, verzerre, nichts stimmt mit der Wirklichkeit überein.
Georg rät mir wegzugehen, gleich und für immer, Liesl bezweifelt, daß ich es kann. Traurig, um nichts erleichtert, fahre ich heim. Schon am nächsten Tag erzähle ich mein Elend anderen Freunden, keiner kann mir helfen, keiner will es. Nur Hanna versucht hin und wieder, mich zu beruhigen, mit mir zu reden. Aber da ist die Wand, Hanna, die Wand, die wir selbst errichtet haben. Das Schwesterliche ist ausgelöscht. Schwestern können sich streiten, sich ent-

fremden, sich hassen, doch nicht sich verlieren; es bleiben: die gemeinsamen Eltern, die gemeinsame Kindheit. Die fehlen uns. Aber wir haben dreißig Jahre nah beieinander gelebt, und jetzt ist es, als wären sie nie gewesen.
Oft sieht sie mich an mit einem traurigen Hundeblick, doch mit Worten erreicht sie mich nicht mehr.

Gegen Abend des Weihnachtstages haben Hanna und Moni Krach. Sie schreien sich an, daß ich es auch im Zimmer höre, auf den Gang laufe, unschlüssig, ob ich mich einmischen soll. Hanna brüllt: Du dreckige Hure. Monis Antwort kann ich nicht verstehen, nur aus dem frechen Ton schließen, daß sie nicht viel zarter ist. Hanna schluchzt, ich gehe schnell ins Zimmer zurück. Nach einiger Zeit wird an die Tür geklopft. Es ist Moni, sie hat verweinte Augen, eine rote Nase, aber ein reizendes, verführerisches Lächeln um den Mund. Haben Sie Lust, mit mir auszugehen? Irgendwohin hübsch essen?
Ich soll als Werkzeug gebraucht werden, um Hanna zu bestrafen. Macht nichts, ich kann ihr zeigen, ein einziges Mal nur, wie weh es tut, alleingelassen zu werden. Sage Moni, daß ich das eine gute Idee fände, in einer Viertelstunde sei ich fertig.
Als sie wieder herunterkommt, hat sie sich schön gemacht, mit schwarzer Samthose, schwarzer Samtweste, weißer Bluse, geschminkten Augen, schwarzgetuschten Wimpern. Sie zeigt mir, wie sie sich freut. Wir steigen in meinen Wagen, fahren in die Stadt, sie

sagt Mövenpick, im Mövenpick habe sie schon immer einmal essen wollen, ich parke in der Nähe, wir ziehen Arm in Arm los.
Ich bin noch nie an einem 25. Dezember in der Stadt gewesen, weiß nicht, wie es da aussieht. Die Kinderweihnachten wurden am Tegernsee gefeiert, die ganze Familie, Schwester der Mutter mit Mann und fünf Kindern, kam da zusammen, es roch nach Gebäck im ganzen Haus, der Baum, der bis zur Decke reichte, stand im Eßzimmer, in dem das Holzfeuer im grünen Kachelofen brannte. Solange ich klein war, stellte ich mich, sobald die Kerzen angezündet waren, unter den Baum und sang laut und falsch: Stille Nacht, heilige Nacht. Niemand wollte das hören, es war ja kein christliches Fest, das wir da begingen, die Cousins lachten mich aus und drängten zu ihren Tischen, aber ich bestand darauf zu singen, mich zu produzieren, es tat mir gut; erst nach dem «schlafe in seliger Ruh» war ich bereit, mir meine Geschenke, auf die ich mich unsinnig freute, anzuschauen.
Bis Waikis Tod hatten wir auch in Holland noch ein Bäumchen – von vielen Mitemigranten heftig gerügt –, mit Urs dann keines mehr, aber doch einen Tannenzweig mit Lametta und ein paar Kerzen. Wir schenkten uns eine Menge, vor allem Bücher, manchmal auch etwas Großes, Fernseher, Plattenspieler, ein Farblitho von Braque, einen seiner sanft dahinschwebenden Vögel, der jetzt im Tessin hängt und nach Süden fliegt. Zu Hause blieben auch wir,

am Heiligen Abend und am ersten Feiertag. Am zweiten kamen Freunde, oder Freunde wurden besucht. Nachdem Urs gestorben war, bin ich immer weggefahren, einmal am Heiligen Abend nach Afrika, einmal schon Anfang Dezember nach Kalifornien. Erst hier in München wurde Weihnachten ganz gestrichen – diese alberne Hetze machen wir nicht mit, wenn alle feiern, feiern wir gerade nicht –, ich bekam Päckchen von Freunden, telefonierte mit ihnen, versuchte das Fest nicht zu erwähnen. Ich kann die vergangene Zeit doch nicht wiederherstellen. An diesen so wenig wie an anderen Tagen. Also nichts anderes kochen, mich nicht herausputzen, Moni und Hanna nichts schenken und keine Geschenke von ihnen erwarten.

Das Mövenpick hat geschlossen. Diese Schweizer, sage ich enttäuscht, an Weihnachten zuzumachen, gibt es denn sowas. Ich erschrecke: Diese Schweizer, das ist mir herausgerutscht, klingt wie: diese Türken, diese Schwulen, diese Juden. Die Enttäuschung wächst, als wir entdecken, daß auch andere Restaurants geschlossen haben. Es ist elendes Sudelwetter, Schneematsch liegt auf den Trottoirs, unsere Hosenbeine werden naß und dreckig. Wenige Menschen sind unterwegs, die Schaufenster nur spärlich beleuchtet, ich habe seit dem Krieg keine so öde Stadt gesehen. Schließlich finden wir eine geöffnete Wirtschaft, nicht das, was wir uns vorgestellt haben. Der große Gastraum ist fast leer, auf der Karte beinahe alles gestrichen. Wir bestellen Hühnersuppe, löffeln eine lauwarme Brühe, in der ein paar Fadennudeln schwimmen, und haben es wie immer schwer, miteinander zu reden. Ich frage, sie antwortet, wenn ich nicht frage, schweigen wir. Schauen uns an und lächeln. Sind ein Liebespaar, von denen der eine des anderen Sprache nicht spricht.

Als wir beim Hauptgericht sind – Schweinshaxe mit Knödeln in wäßriger Sauce –, setzen sich zwei junge Männer an den Nebentisch und beginnen sofort einen heftigen Flirt mit Moni. Nennen sie ein schönes Weihnachtsengerl, das ihnen den Abend vergolden soll. Ich scheine sie nicht zu stören. Wäre ich ein alter Mann, würden sie Moni in Ruhe lassen. Ein alter Mann und eine junge Frau, das ist etwas Eindeutiges, zu Respektierendes. Die beiden, die über Motorräder und Discos quatschen, haben einen verschwiemelten Blick, machen mir angst. Ähnlich den Schwarzen, die in Harlem an Häuserwänden lehnen. Fixen sie? Wahrscheinlich nicht, sie sind ausgehöhlt von Langeweile. Ich sehe, wie sie mit den leeren Augen, die langsam gierig werden, Moni ausziehen, auf den Boden werfen, sie betatschen, ihre schöne glatte Haut, sie bespringen, wie die Stiere Kühe bespringen. Bring die Oma nach Hause und komm zurück, sagt der eine. Der andere: Es reicht auch, wenn du sie in die Trambahn setzt.

Moni schüttelte sich vor Lachen, ich presse die Lippen aufeinander. Zahlen, aufbrechen, durch den Dreck zum Wagen gehen, nicht mehr eingehängt. Nach Hause fahren.

Hanna ist zu Enzio ins Tessin gefahren, beunruhigt über seine immer stärker werdenden Depressionen. Ich bin mit Monika allein.
Wir sind freundlich miteinander, bei flüchtigen Begegnungen auf dem Gang auch zärtlich, unverkrampft, wie von einer Last befreit. Zum erstenmal spüre ich, jetzt wo alles vorbei ist, so etwas wie Liebe, vielleicht auch nur Dankbarkeit, daß sie mir noch einmal körperliches Glück geschenkt hat. Kein Schmerz mehr über das Ende. Keine Nervosität.
Sie ist kein bißchen provozierend, wenn Hanna nicht da ist. Nicht schulmeisterlich. Zuweilen bleibt sie über Nacht weg, doch sie ruft immer an, damit ich mir keine Sorgen mache.
Es ist gut, daß ich in den dunklen Wintertagen nicht allein im Haus bin. Ruschko ist der Schutz nach außen, Moni der nach innen. Wir haben es hier gemütlich, sagt sie, hoffentlich kommt Hanna so bald nicht wieder.
Das sagt sie, aber sie meint es nicht. Sie braucht die Bindung an Hanna, die einzige, die sie je hatte. Doch sind ihre Worte das Eingeständnis, daß sie weiß, wir können zu dritt nicht leben. Einer steht dem anderen im Wege.
Aber wir wollen zu dritt leben, jede von uns will es auf ihre Art. Dreifacher Eigensinn, das Unmögliche zu begehren.
Mein Nichtfassenkönnen, warum es nicht geht. In den Monaten nach der Sizilienreise habe ich an nichts anderes gedacht. Rundherum gedacht. Als würde ich

eine Gebetsmühle drehen und stumpfsinnig om mani padme hum dazu murmeln. Beim tausendsovielten Mal war ich nicht gescheiter als zuvor.
Kinder spielen auf einer Wiese im Kreis und zählen ab. Sehr laut, sehr deutlich: Two is company, three is a crowd. Two is company, three is a crowd. Three is a crowd, a crowd, a crowd.
Wenn Hanna zurückkommt, wird Moni sagen: Two is company. Wird wieder provozieren, wieder schulmeistern. Wenn Hanna zurückkommt, ist es mit dem guten Leben vorbei. Three is a crowd.
Aber ich will, daß sie zurückkommt. Und Moni will es auch. Ich bin nicht mit Moni zusammengezogen. Moni nicht mit mir. Three is a crowd.
Wie Nähe quält, das habe ich nicht gewußt. Sich jeden Tag sehen, sich nicht mehr auf das Kommen des anderen freuen, das Versickern der Themen. Was bleibt, Gespräche über Küchenmief, die nicht geputzte Treppe, du hast einen BMW und ich arme Sau einen R4, wundgescheuerte Beziehung, damit komme ich nicht zurecht, das ist furchtbar und lächerlich.

Ich rufe Hanna an, sagt Moni, sie hat schon fast eine Woche nichts von sich hören lassen.
Geht nach oben, ich höre sie sprechen, aufgeregt, mit langen Pausen. Dann kommt sie wieder herunter, sehr blaß, wirft sich mir in die Arme. Enzio ist tot. Er hat sich umgebracht.
Ich habe Enzio lange gekannt, ihn sehr gemocht.

Seine große hagere Gestalt, das dunkle dichte Haar, die Lachfalten um die Augen. Ein Tessiner, mehr Italiener als Schweizer. Sein mit der linken Hand ausgeübter Beruf war Häuser zu verkaufen oder vielmehr Rusticos, die Steinhütten, die in den Tälern oder hoch über den Tälern stehen und einmal Ställe, Heuschober, Almen, Unterkünfte in weit abgelegenen Weinbergen waren oder noch sind. Oft war ich mit Enzio und Hanna oder mit ihm allein auf Besichtigungsfahrt, er kurvte mit seinem Volvo über halsbrecherische Straßen; gefiel ihm ein Objekt nicht, kehrte er gleich wieder um, fand er es gut, klopfte er die Wände ab, kletterte auf morschen Leitern herum, untersuchte fachmännisch das aus flachen Granitplatten geschichtete Dach, entdeckte zwischen Gerümpel immer wieder ein gutes Stück, hölzerne Zuber und irdene Krüge, uralte Melkschemel und geschnitzte Bettgestelle, die er den Besitzern abkaufte, auch wenn er sich gegen das Rustico entschied. Er selbst wohnte in einem schönen Patrizierhaus im Piedemonte, jener fast ebenen Gegend, die sich flußaufwärts in die beiden Täler Onsernone und Centovalli gabelt. Im Wohnzimmer gab es eine bemalte Decke und einen riesigen Kamin mit Bänken an beiden Seiten. Dort hauste er mit Büchern, Platten, selbstgemalten Bildern, Katzen, Schlangen und … dem kleinen Hund Grigio, einem grauen Bastard, halb Pudel, halb Schnauzer, einem Wuschel aus langen Haaren, die es oft unmöglich machten zu wissen, wo die platte Nase war und wo der geringelte

Schwanz. Es war gut, bei Enzio zu sitzen und ihm zuzusehen, wie er Fleischstücke mit Oregano, Salbei, Rosmarin und Thymian zubereitete und sie in der sorgfältig verteilten Kaminglut grillte. Zum Essen gab es Merlot, Enzio war ein leidenschaftlicher Trinker, der viel von Wein verstand.
Dies alles erzähle ich Moni in der Nacht nach seinem Tod, in der wir eng umschlungen beieinanderliegen, von der bleiernen Lähmung befallen, die sich einstellt, wenn ein Mensch, den wir mögen, nein zu dem sagt, zu dem wir, auch wenn wir das Gegenteil behaupten, so leidenschaftlich ja sagen.

Ich gehöre einer Generation an, die in der Jugend den Selbstmord verherrlichte. Katja, die Freundin, vergiftete sich vierzehnjährig mit Gas. Hans, der Freund, sprang von der Großhesseloher Brücke in die Tiefe. Wir alle trugen wie ein anderer Freund, der sich von einem Juwelier eine goldene Kapsel hatte anfertigen lassen, in der das Zyankali griffbereit lag, real-irreal das Todbringende mit uns herum.
Wir liebten den Tod, l'art pour l'art, sterben um des Sterbens willen. So machten viele von uns Schluß, lange bevor ihnen Hitler einen Grund geliefert hatte.
Ich wartete Hitler ab. Wir wohnten bei Waikis Eltern, um unsere Emigration vorzubereiten. Nicht, daß nicht genug Geld vorhanden gewesen wäre, um uns den Aufenthalt in einem Hotel oder einer Pension zu ermöglichen, sondern weil die vor kurzem bezogene Villa im Frankfurter Westend so viel unge-

nutzte Zimmer hatte. – Da wäre es doch ein Jammer, die nicht zu gebrauchen.
Für mich war der Jammer größer, in der hysterisch überreizten Umgebung wie ein nicht dazugehörender Gast leben zu müssen. Seltsam, daß von dieser Zeit der völligen Desorientierung so gut wie nie berichtet wird, obwohl sie in vielem schlimmer war als die Auswanderung selbst. Sobald wir uns auf den Weg gemacht hatten, Not und Entbehrung Wirklichkeit geworden waren, ging alles leichter, wir funktionierten in einem fremden Land, bauten uns wieder auf, akzeptierten das veränderte Leben.
Aber davor: sinnloses Hin und Her, herumsuchen nach etwas, das nicht mehr da war, sondern einfach weg, aufgelöst zu nichts. Die pharmazeutische Fabrik von Waikis Vater traf es schnell, ihre Präparate wurden von den Listen der Krankenkassen gestrichen. Was tun? Arisieren? Scheinarisieren? Verkaufen? Erst scheinarisieren. Rettung für kurze Zeit – das von den «Ariern» einbezahlte Geld unter dem Tisch zurückgegeben. Jeden Tag neue Pläne, die sich nicht ausführen ließen, jeden Tag neue Hoffnungen, die sich nicht erfüllten. Ausländische Geldgeber tauchten auf und verschwanden wieder; ein reicher Inder, ein polnischer Jude, ein französischer Apotheker.
Meine Schwiegereltern, ein Ehepaar, das seit eh und je nicht miteinander ausgekommen war, die schöne, elegante, lebensängstliche Mutter, die Unglück witterte und ihrem Mann weinend und schreiend vorwarf, daß er der Mörder seiner Kinder sei, der autori-

täre Vater, der nichts begriff, die dauernden Streitereien um Geld, darum, welches der vielen möglichen und unmöglichen Länder in Frage käme, auf welche Weise man einen Teil der Fabrik dorthin verlegen könne, wie die Rezeptbücher nach draußen zu schaffen seien, wem der Bekannten zu trauen wäre. Dazwischen ich, verwöhnt, untüchtig, arrogant, gewohnt meinen Willen durchzusetzen – aber was wollte ich? Hitler ungeschehen machen? Weiterleben wie bisher? Einst von meiner Schwiegermutter wie ein drittes Kind neben ihren beiden Söhnen geliebt, jetzt, nachdem ich Waikis Frau geworden war, heftig abgelehnt, Waiki selbst, der mehr und mehr in die Rolle, Kind dieser Familie zu sein, zurückfiel und meinen Versuchen, ihn loszulösen, nur Widerstand entgegensetzte. Schließlich fuhr ich gedemütigt und verwundet zu meinen Eltern.

War froh, zu Hause zu sein in unhysterischer Geborgenheit, wo niemand herumschrie, niemand autoritär war. Alle versuchten, durch Liebe den Zustand erträglicher zu machen. Von Emigration redete man auch hier, aber sprach nicht anders darüber als über den Tod, der ja auch einmal kommen würde, nur wußte man glücklicherweise nichts Genaues. Meine Eltern waren ganz aufs Land gezogen in ihr Haus am Tegernsee. Es gab nicht mehr viele Leute, die es wagten, einen jüdischen Anwalt zu nehmen. Für die wenigen genügte es, wenn mein Vater ein- oder zweimal in der Woche nach München fuhr. Ich chauffierte ihn, wir waren uns sehr nah in diesen

Stunden, führten lange Gespräche über Gott und die Welt, als ob es noch immer die gleiche wäre, die es gut mit uns meinte, weil wir aus unserem Privileg etwas zu machen verstanden, unsere Landschaft um den See liebten, vieles von der Kunst, die jetzt verfemt war, und ein Ohr hatten für die Sprache, die unsere, die deutsche, die sie uns nur gleichzeitig mit dem Leben wegnehmen konnten.

Was ich aber selbst dem Vater nicht sagte, war, daß ich immer öfter an Selbstmord dachte. Ich liebte Waiki, liebte ihn so sehr, daß ich überzeugt war, noch nie habe jemand so geliebt – aus dem über-spannten Bogen fliegt von selbst der Pfeil –, und brachte es doch nicht fertig, ihn aus den umklammernden Armen seiner Mutter zu befreien. Ich liebte Deutschland, fühlte mich außerstande, allein zu emigrieren, wußte nicht, wie ich im Ausland an Geld kommen sollte, eine Germanistin, die das Studium nie ernst genommen hatte, eine Schreibende mit ein paar unfertigen Manuskripten, eine Bergbesessene, die in dem einzigen Land, in das sie wollte, der Schweiz, noch nicht einmal eine Aufenthaltsbewilligung bekommen hätte, geschweige denn eine Arbeitserlaubnis.

Nicht Gift noch Revolver, meine Waffe war der Berg. Eine Radstunde von unserem Haus entfernt erhob sich der Doppelgipfel des Roß- und Buchsteins. Der Buchstein hatte eine fast senkrechte Südwand, hoch genug, mich über sie zu Tod zu stürzen.

Ich gab mir Mühe, meine Depression zu verbergen, freundliche Tochter zu sein, fuhr nach München und durchstreifte, während der Vater arbeitete, die Stadt, die meine, die nicht mehr die meine war, mir weggenommen von einem Mann aus Österreich, der hier nichts zu suchen hatte, einem Besetzer. Aber ich konnte mir nicht weismachen, er sei es allein, der mir die Stadt unleidlich machte. Sie war voll mit SA-Leuten, und auch die Menschen ohne Uniform schrien Heil und wollten die Juden forthaben.

Es berührte mich nicht mehr so sehr, die ganze Zeit war ich auf dem Buchstein, kletterte barfuß die Rinne, die zu seinem Gipfel führt, hinauf und hinunter, die Todeswand immer im Blick.

Ein paar Tage vor Weihnachten kam der Schnee. Am Heiligen Abend lag, von Waiki geschickt, auf dem Gabentisch eine Plattenkassette mit dem Violinkonzert von Beethoven. Ich nahm es nicht als das, was es war, als Versprechen: vielleicht bald. So tief war ich in meine Todesphantasien verstrickt, daß alles mir zum Abschied wurde, und plötzlich wußte ich: Jetzt muß es sein, noch diese Nacht.

Es schneite weiter in großen Flocken, nie würde ich mit dem Rad bis zum Fuß meines Berges kommen. Ich hätte den Wagen der Eltern nehmen können, doch ein braves Kind tut so etwas nicht. Hatte keine Bedenken, mich selbst ihnen wegzunehmen, aber der Wagen mußte bleiben, wo er war. Dazu kamen Zweifel, ob ich mir beim Sturz in den tiefen Schnee nicht nur die Knochen brechen und ein Krüppel bleiben würde. Der Buchstein versank im dicken, wattigen Weiß.

Dann also anders. Denn daß es jetzt sein mußte, stand für mich fest. Als wir uns gute Nacht gesagt hatten und Mutter noch im Bad war, ging ich zu ihrem Arzneischränkchen und holte mir an Schlafmitteln heraus, was ich fand. Die zwei Phanodorm, die sie jeden Abend nahm, lagen schon auf ihrem Nachttisch bereit. Sie würde das Fehlen der anderen nicht mehr bemerken.

Meine Ausbeute war groß; nicht nur Phanodorm, Mutter nahm unbedenklich und süchtig alles, was ihr zum Schlaf verhalf – ob sie wirklich nicht schlafen konnte, habe ich nie herausgebracht, aber sie ist mit all dem Zeug in sich geistig und körperlich unlädiert sechsundachtzig geworden. Ich legte die Tabletten auf den Waschtisch, ließ Wasser in ein Glas laufen und schluckte sie hinunter, immer drei oder vier gleichzeitig.

War berauscht, glücklich, betrachtete mich im Spiegel und gefiel mir, ganz im Gegenteil zu sonst, vielleicht hatten die Leute, die sagten, daß ich der Nofretete ähnlich sähe, doch recht. Ich bemerkte es zum erstenmal selbst, liebte mich, liebte diese Schönheit, ging hinüber ins Bad, Mutter saß in der Wanne, ich sagte voll Verlangen nach der Zärtlichkeit, die sie nie geben konnte: Bleib, ich komme zu dir. Zog mich aus, stieg zu ihr ins Wasser, spürte die Nähe des Schoßes, aus dem ich gekommen war, zu dem ich zurückwollte. Ganz plötzlich wurde ich müde, verließ die Wanne, trocknete mich ab, gab Mutter einen Gutenachtkuß, ging schnell in mein Zimmer, legte mich ins Bett, deckte mich zu und schlief ein, ohne an den Tod zu denken.

Warum hat er es getan? fragt Moni. Ich antworte: Vielleicht hat er es nicht ausgehalten, alt zu werden. – Nicht, weil er mit nichts mehr fertig wurde? Vermutungen. Möglicherweise hat er den Grund selbst nicht gewußt. Das einzig Sichere: er hat es getan.

Gut, daß er wenigstens tot ist, sagt sie, es muß grauenhaft sein, wieder zu sich zu kommen und zu wissen, auch das ist mir mißlungen.

Es war nicht grauenhaft, als ich mit ausgepumptem Magen wieder aufwachte. Also hat es nicht funktioniert, es war zu wenig, oder ich bin zu früh gefunden worden, dachte ich, dachte es sachlich, ohne Enttäuschung und ohne Scham, und dann spürte ich Freude, Prickeln im ganzen Körper. Am Bett saß Liese, meine sechzehnjährige Cousine, die war nicht sentimental und nicht gerührt, sondern lachte: Na endlich. Und weil mir das wohltat, lachte ich auch, und dann lachten wir eine ganze Weile zusammen und quatschten zärtlichen Unsinn, bis ich wieder einschlief.

Wenn es damals geklappt hätte, wäre mir der Schmerz um Waikis Ermordung erspart geblieben. Doch ich hätte die paar glücklichen Jahre mit ihm, die noch kamen, nicht erlebt und wäre fortgegangen als ein Mensch, der die dunkle Hälfte des Lebens, das Leid, nicht kennt. Ein alter jüdischer Spruch: Bete nicht

darum, daß das Leid aufhört, denn du würdest darum beten, daß das Leben aufhört.
Moni dreht ihren Kopf zu mir, küßt mich. Sie weint. Müde streichle ich ihr Haar. Dann schlafen wir ein.

Am Morgen rufe ich Hanna an. Sie hat die Nacht in meinem Haus verbracht, ist sehr ruhig, sagt, sie habe vor, gleich abzufahren, und sei am Nachmittag zu Hause. Greet aus Amsterdam kommt am Nachmittag für ein paar Tage. Ich kann ihr nicht mehr absagen, aber sie bitten, gleich wieder umzukehren. – Du bist verrückt, sagt Hanna, ich bin sowieso keine gute Gesellschaft in der nächsten Zeit.
Jetzt wäre der Augenblick, die alte Nähe wiederherzustellen. Bei ihr sein. Nichts weiter. Ich hätte ihr meinen Plan, Greet zurückzuschicken, nicht anbieten, sondern ihn ausführen sollen. Doch Greet ist eine alte Frau, es ist ihr nicht zuzumuten, nach zehn Stunden Bahnfahrt noch einmal zehn Stunden im Zug zu sitzen. Dieser lebenslängliche Wunsch, es allen recht zu machen. Ein Wunsch, der sich nicht erfüllen läßt, wenn man liebt.
Hanna kommt mit Grigio. Ich erfahre den äußeren Hergang, sonst nichts. Sie war zwei Tage nach Italien gefahren, bei ihrer Rückkehr lief ihr der schreiende Hund entgegen, und sie fand Enzio tot in seinem Bett. Mußte die ganze Prozedur, die ein Selbstmord auslöst, über sich ergehen lassen: Polizei, Friedensrichter, Bestattungsinstitut, wurde verhört, auf italienisch, auf deutsch, warum und weshalb, sie

sei doch seine Frau und müsse wissen ... aber sie wußte nichts. Auf dem Tisch lag ein Zettel, den sie mir zeigt. Liebe Hanna, ich hoffe, daß es glückt. Ich bin überzeugt, du behältst den Hund, sonst würde ich ihn mitnehmen. Zu fremden Leuten soll er nicht. Natürlich behalte sie den Hund, sagte sie dem Friedensrichter, von Enzios Sachen wolle sie nichts als das alte Tessiner Bett und einen Sessel. Sie habe ja schon lange nicht mehr mit ihrem Mann zusammengelebt, es gäbe Geschwister, die sollten die Einrichtung und auch den Volvo bekommen.

Der Hund wimmerte unaufhörlich. Als man die Leiche in den Sarg legte, ging sie mit ihm fort, brachte ihn in mein Haus, aber er wimmerte weiter.

Ich will sie trösten, mit ihr über Enzio reden, sie verschließt sich, sagt am Ende: Ins Tessin darf Grigio nicht mehr. Das würde er nicht aushalten. Was bedeutet, daß sie selbst nicht mehr kommen wird. Mein Haus ist für mich sinnlos geworden.

Das dachte ich schon einmal auf dem Krankenhausflur, als der Professor mir sagte, Urs habe Leukämie. Wozu das Haus? Ich wollte allein kein Haus haben. Nach Urs' Tod würde ich es verkaufen.

Aber Urs starb lange. Ich gewöhnte mich an den Gedanken, daß das Haus nur mir und sonst niemand gehören würde, und lernte «mein Haus» zu sagen anstatt «das unsere». Aber es wurde mir schwindlig, wenn ich daran dachte, wieviel Arbeit der Garten macht, Pflanzen müssen gepflegt, Wiesen gemäht werden, und ich wollte ja auch, daß Blumen blühen. Wie lange würde ich noch Kraft genug dafür haben? Aber da war Hanna, soviel jünger, soviel stärker als ich, solange es Hanna gab, würde der Garten gedeihen. Und jetzt will sie nicht mehr kommen.

Ich habe mich auf Grigio gefreut, den ich kenne, seit er auf der Welt ist. Den einzigen Rüden, den Ruschko voll akzeptiert. Aber als er da ist, wird alles, was vorher schon schlimm war, noch schlimmer.
Ich möchte dich bitten, ihm nichts zu fressen zu geben, sagt Hanna mit verzerrter Stimme, als sie in der Küche dazukommt, wie ich ihm ein Stück Wurst hinhalte. – Ich will nicht, daß du ihn mit Fleischbrokken bestichst, dich zu lieben. Es ist nicht so sehr der aggressive Ton als die irre Unterstellung, die mich kränkt. Und das Wissen, daß Hanna mich kränken will.
Alle Vernunft ist von Emotionen erstickt. Mein Ausgeliefertsein. Das Labyrinth, in das ich mich selbst gebracht habe, aus dem ich nicht mehr herausfinde. Durch das ich irre, blind und gehetzt. Der Weg hinaus verstellt durch die Angst, wieder allein zu sein.
Hanna und Moni schauen unbewegt zu. Sagen: Du bist eine alte reiche Frau, die andere Bedürfnisse hat als wir. Die uns unterdrückt, weil sie Geld hat. Alter und Reichtum unterstehen bestimmten Gesetzen. Denen bist du unterworfen, die kostest du aus.
Hört auf, hört endlich auf. Ich kann es nicht ertragen. Ich habe euch nichts getan. Ich will nichts anderes, als euch das schwere Leben ein bißchen leichter

machen. Dafür gebe ich Geld aus. Und da ich nicht reich bin, mehr Geld, als ich mir leisten kann.
Habe ich das wirklich gesagt? Nicht einmal, immer wieder? So etwas kann nur einer äußern, der die Kontrolle über sich verloren hat. Der überfordert ist. Durch das Zusammenleben habe ich mich überfordert.
Temporärer Irrsinn statt Altersweisheit. Altersweisheit, daß ich nicht lache. Freundliches Absegnen, wenn Jüngere sich lieben. Nur nicht hinsehen, kein Voyeur sein. Lächeln und nicken: Die guten Kinder. Wie hungrig sie sind nach Leben. Welche Probleme. Wie sie an der Welt leiden und an sich selbst.
Von oben herab. Ohne Betroffenheit. Nur mit dem Unbehagen, daß nichts so ist, wie es sein sollte. Dem Jenseits nahe, an das ich nicht glaube. Dem Tode nah. Doch nimmt Todesnähe die Sehnsucht nicht weg. Verstärkt sie, weil sie unerfüllbar ist. And my ending is despair. Die Hoffnungslosigkeit des noch nicht fünfzigjährigen Shakespeare. Die Wahrheit des Sterbens, das angefangen hat, lange bevor ich es merke.
Ich laufe weiter Amok gegen Hanna bei meinen Freunden, die immer ratloser werden. Spüre, daß sie denken: So schlimm kann es nicht sein. Bin außerstande, ihnen klarzumachen, daß es so schlimm ist.

Eskalation

Der Wahnsinn wird grenzenlos. Wir verreisen noch einmal zu dritt. Es wäre lächerlich, wenn es nicht glückte. Wo wir es doch ganz fest wollen. Mit beiden Hunden fahren wir nach Pontresina. Einem Ort, den ich liebe, wo ich oft mit Urs war. Es schneit heftig. Wir gehen spazieren. Die beiden Arm in Arm, ich hinterdrein. Sie spielen mir Liebespaar vor. So langsam kann ich nicht weitergehen, ich friere, sagt Moni mit einem abschätzigen Blick auf mich. Ich nehme Ruschko an die Leine, kehre schweigend um. Hanna ruft mir nach, ich solle doch bleiben. Ich gehe weiter, ohne zurückzublicken.

Das Schneien hört auf. Hanna und Moni fahren mit dem Wagen zur Lagalp, wo Moni skiläuft und Hanna in der Sonne sitzt und zuschaut. Ich gehe mit Ruschko spazieren oder mache Langlauf. Hasse den Schnee, die Berge, die Sonne, den tiefblauen Himmel, die ganze Welt und am meisten mich selbst. Es gibt keine allein gehenden, allein langlaufenden Menschen. Zumindest sehe ich sie nicht. Lauter Paare, lauter Familien. Die Glöckchen der Pferdeschlitten klingeln: dick eingepackte Leute grüßen lachend, winken. Ich grüße nicht zurück. Hasse die Menschen. Bin verlassen. Will tot sein. Dann will ich nicht einmal das

mehr. Bin am Ende. Der Wahnsinn frißt mich auf. Moni hat sich eine neue Folter ausgedacht. Sitzt beim Abendessen neben Hanna, unterhält sich flüsternd mit ihr. Ich an der gegenüberliegenden Tischseite kann kein Wort verstehen. Sage: Sprich doch lauter. – Bei uns in der Klinik sollen wir darauf achten, daß sich schwerhörige Kinder daran gewöhnen, nicht alles mitzubekommen. – Ich bin kein Kind. – Und ich keine Altenpflegerin. Hanna strahlt Moni an, weil sie so schlagfertig ist und witzig.
Nach dem Abendessen gehen wir in die immer leere Bar zum Skat. Sind plötzlich normal. Drei friedlich kartenspielende Frauen. Die still saufende Kellnerin, bei der der Grappa erst vier, dann zwei, dann einen Franken und schließlich gar nichts mehr kostet, kommt hinter der Theke hervor. Männer taugen nichts, sagt sie. Die sind nur ein Ballast. Ohne Männer geht alles harmonischer.
Man sieht uns den Wahnsinn nicht an. Auch am nächsten Morgen nicht. Aber da ist er wieder: die Lust zu quälen, zu töten. Wie gerne würde ich euch erwürgen. Der einzige Wunsch, der noch in mir ist.
Auf der Heimfahrt setze ich mich auf den Rücksitz, Ruschko liegt zusammengerollt neben mir. Ich ziehe die Beine hoch, sage erschöpft: Ich möchte schlafen. Aber das darf ich nicht. Moni, die sonst so Leise, lacht, redet und quietscht vor Vergnügen. Redet und lacht von Pontresina bis München. Ich liege da mit verrenkten Beinen und heule in mich hinein.

Hanna macht den Vorschlag, die Küchen wieder zu trennen, sie sähe keinen anderen Ausweg, den Zustand erträglicher zu machen. Ich protestiere mit schriller Stimme: Das kommt nicht in Frage. – Warum denn nicht? – Weil ich es nicht will, sage ich und verlasse türzuschlagend jene Küche, in der ich allein zurückbleiben soll.

Was habe ich eigentlich gegen die Trennung? Die alten Gedanken über Kommunikation beim Essen, seit jeher, schon in der Steinzeit, überall, bei allen Völkern, auf dem Bärenfell, üppigen Polstern, bequemen Sesseln und so harten Küchenstühlen wie unseren, werden übermächtig, beherrschen mich, vernebeln jede Vernunft. Nur nicht allein sein, meine idée fixe. Habe ich das Glücksgefühl vergessen, wenn ich in Frankfurt die Tür hinter mir zuzog und wußte: heute kommt keiner mehr? Sich-fallen-lassen, sich-ganz-gehören, keine Rolle spielen. Niemandem vortäuschen, daß ich arbeite, wenn ich nicht arbeite. Kein Lauern wie hier, wenn ich Hannas schweren Schritt auf der Treppe höre. Geht sie in den Keller? Kommt sie zu mir? Meistens geht sie vorbei, manchmal klopft sie, so laut, als trüge ich keine Hörgeräte, ich schrecke zusammen, obwohl ich es erhofft habe. Sie kommt mit irgendeiner praktischen Frage, wartet meine Antwort ungeduldig im Stehen ab und geht wieder hinaus. Alle Versuche, sie zum Bleiben zu verlocken, schlagen fehl, werden mit Ironie abgewürgt.

Ein Unbekannter am Telefon nennt seinen Namen, den ich nicht verstehe. Er wurde von einem Freund auf mich aufmerksam gemacht, weil er für eine Fernsehdokumentation über Diskriminierung von Juden im Nachkriegsdeutschland recherchiert. Ich kann Ihnen nicht helfen, sage ich, denn ich bin in all den Jahren nicht diskriminiert worden. Kein bißchen. – Da haben Sie aber Glück gehabt. Spöttisch, impertinent. – Diskriminierung kann man auch provozieren. Das habe ich nicht nötig. Ich bin kein auf kurzen Besuch gekommener Emigrant, der sich selbst beweisen will, daß er in diesem Land nicht existieren kann. Ich lebe … – In einer heilen Welt, unterbricht er frech. Gehen Sie zum Teufel, möchte ich sagen, sage es nicht, sage statt dessen unkontrolliert: In keiner heilen Welt. In einer, in der ich jeden Tag diskriminiert werde, aber nicht als Jüdin, als Mensch. – So? sagt er mit plötzlichem Interesse: Wer diskriminiert Sie? Ihre Familie? – Zwei Frauen, mit denen ich zusammen wohne. – Jüdinnen? – Nein. – Aha, da haben wir's. Sie werden als Jüdin diskriminiert und merken es noch nicht einmal. So was kommt vor. – Gehen Sie zum Teufel, sage ich endlich doch, lege auf, bleibe am Telefon sitzen und fange an, hemmungslos zu weinen.

Die Deutschen. Ein Syndrom? Ich will eine genaue Definition haben, schaue im Fremdwörterlexikon nach: «Auftreten einer Gruppe von Krankheitssymptomen». Das paßt exakt.

Die Juden. Genau das gleiche. Ich gehöre zu ihnen, gehöre nicht zu ihnen.
Unter den Deutschen kann ich leben. Sie sprechen meine Sprache, haben die gleichen Dichter, die gleiche notwendige oder unnotwendige Bildung. Lassen mir die Möglichkeit, auch jüdisch zu sein. Die Israelis würden nicht tolerieren, daß ich auch deutsch bin.

Es wird nicht mehr über Beibehaltung oder Aufgabe der gemeinsamen Küche gesprochen. Es wird überhaupt nicht gesprochen. Einmal fangen Grigio und Ruschko an zu raufen, unter dem Tisch, ohne erkennbaren Grund. Wir trennen sie schnell, es ist nichts geschehen, doch haben sie uns gezeigt, wie gehässig wir miteinander umgehen. Das hätte uns zur Besinnung bringen können, aber es hilft nichts, unsere Feindschaft bleibt.
Dann kommt der Tag, an dem Hanna ihre Küchensachen wortlos zusammenpackt und in den Keller trägt.
Ich erstarre, unfähig zu protestieren, von wildem Schmerz überfallen, der nicht weggeht, obwohl ich mir einzureden versuche, daß er zu einer getrennten Küche in keinem Verhältnis steht. Ich bin im KZ, wo über mich verfügt wird. Gelähmt sehe ich zu, an den Herd gelehnt. Mittags gehe ich mit Ruschko spazieren, setze einen Fuß vor den anderen, mechanisch pfeife ich ihm, nehme ihn bei Straßenübergängen an die Leine, komme nach Hause, lege mich ins Bett, kann nicht schlafen, mit dem dumpfen Druck im

Kopf, im Bauch, im Herz. Bleibe den Nachmittag über liegen, telefoniere am Abend mit ein paar Freunden, die fragen, was ich hätte, ich klänge verstört. Ob etwas passiert sei? Nein, passiert ist nichts, es geht mir nicht gut. Wenn sie mich bedrängen, mehr zu sagen, erkläre ich, es hat ja doch keinen Sinn, und breche das Gespräch ab.
Moni kommt, von Hanna geschickt, ein bißchen verlegen und lädt mich ein, mit ihnen unten zu essen. Homewarming Party für unsere Küche. Ich gebe keine Antwort, drehe mich zur Wand. Sie geht.
Die alten Juden drehten sich zum Sterben zur Wand. Ich bin verwundet, gekränkt, doch sterben will ich nicht, nur schlafen, schlafen. Sofort und möglichst bis zum nächsten Mittag. Hanna, die Maßlose, erzählt, daß sie manchmal drei oder vier Revonal schlucke, um zur Ruhe zu kommen. Der Hund, ja, der Hund, aber den wird Hanna bestimmt in den Garten lassen, wenn sie merkt, daß ich noch nicht wach bin, und bis zum Spaziergang um halb zwei bin ich längst wieder auf. Vier Tabletten werden nichts schaden. Ich stehe auf, gehe ins Bad, hole aus einer Packung vier Revonal, tue noch eines dazu, schlucke sie mit Wasser hinunter, lege mich wieder ins Bett. Bin wach, warte, und schlafe schließlich ein.

Noch einmal zur Welt kommen

Mein rechter Fuß, ein wenig angehoben, stößt an Metall. Das Metall kühlt, tut gut, ich lasse den Fuß dort liegen. Irgend jemand kommt, nimmt ihn in die Hand, drückt ihn nach unten und schiebt ihn unter die Decke. Das wiederholt sich einige Male. Ich spüre einen starken Drang zu pinkeln, kann es dem Menschen, der mir den Fuß unter die Decke steckt, nicht sagen. Habe das Gefühl, schlecht behandelt zu werden. Niemand hilft mir. Ich schlafe ein, wache auf, der Drang ist weg. Habe ich ins Bett genäßt? Unter mir ist es trocken. Langsam begreife ich, das ist ein Krankenhaus, ein Bett mit dicken Metallstäben. In der Schweiz. Da gibt es diese Betten, in Deutschland nicht. Denken ist schwierig, fast nicht zu bewältigen, läuft in Zeitlupe ab. Wieso in der Schweiz? Ich war doch gar nicht. Der Hals tut weh. Was fehlt mir? Schlucken ist kaum möglich. Wer hat mich eingeliefert?

Das Bett schwankt leicht, wiegt mich sanft. Es ist ganz still. Ich schlafe ein.

Wache auf. Habe Halsweh. Öffne die Augen. Es ist Schwerarbeit. Drehe mühsam den Kopf, heben kann ich ihn nicht. Sehe ein anderes Bett, in dem eine dunkelhaarige Frau liegt, die stirbt. Ich bin ganz sicher: sie stirbt. Es stört mich nicht, ist mir gleichgültig, ich lebe. Ein junges Mädchen, auch dunkelhaarig, geht um das Bett der Sterbenden herum. Schaut mich an. Mit großen trockenen Augen. Augen aus Glas. Ich versuche zu lächeln. Sie lächelt nicht. Ich schlafe ein.

Ich wache auf. Um mich herum stehen viele Männer in weißen Kitteln. Sie machen die Münder auf und zu, aber ich höre nichts. Der Hals tut immer noch weh. Ich scheine ein Fall zu sein. Vielleicht eine besondere Art von Angina. Einer der Männer sieht meinem Freund Gerd, dem Neurologen, ähnlich. Vielleicht auch ein Neurologe. Berufe formen Gesichter, Pfarrer zum Beispiel oder Boxer. Es dauert eine ganze Weile, bis mir klar wird, daß der Mann nicht Gerd ähnlich sieht, sondern Gerd ist. Ein vertrauter Mensch. Große Erleichterung. Er beugt sich zu mir, streicht mir über die Stirn, sagt etwas, das ich nicht verstehe. Ich bin von Stille umgeben. Habe keine Hörgeräte an. Liege in einer wattierten Wiege, im dämmrigen Licht. Noch einmal zur Welt gekommen. Unsagbares Wohlbefinden. Will hören, sage: Gib mir die Hörgeräte. Der technisch geschickte Gerd fummelt daran herum. Zu lange für meine Ungeduld: Schnell, schnell. Endlich reicht er sie mir herüber, ich drücke sie mir in die Ohren. Was habe ich, Gerd? – Eine Lungenentzündung. Eine Krankheit, die kaum mehr gefährlich ist, mit Antibiotika zu heilen. Deshalb der Aufwand? Deshalb ist Gerd gekommen? Das kann nicht alles sein. Mir wird etwas

verschwiegen. Immer wird den Kranken etwas verschwiegen. Unsere Verdruckstheit. Pessimistisch sage ich: Ich werde nicht mehr gesund. – Natürlich wirst du gesund, tröstet Gerd, ohne mich zu überzeugen. Nicht die Lunge, der Hals tut mir weh. Er schüttelt den Kopf: Im Hals hast du nichts. Sein Unglaube ärgert mich. Ich kann nicht schlucken. Schließe die Augen und schlafe ein.
Ich wache auf. Freue mich. Aufwachen ist wunderbar. Der stärkste Beweis gegen den Tod. Wieder umstehen Ärzte mein Bett. Doch Gerd ist nicht dabei. Die Hörgeräte habe ich noch in den Ohren, eine Unterhaltung ist möglich. Ich habe Halsschmerzen, sage ich. Von den Schläuchen, belehrt mich grob ein ziemlich junger Blonder, der den Ton angibt. Sie bekommen dann etwas zum Gurgeln, davon wird es besser. Von welchen Schläuchen möchte ich wissen, traue mich aber nicht zu fragen. Grobheit schüchtert mich ein. Sage krächzend: Bin ich nicht hier, weil ich Halsweh habe? – Bei Gott nein, lacht er. Sie haben eine Schlafmittelvergiftung, eine, die sich gewaschen hat. Das müssen Sie doch wissen, Sie Selbstmörderin. Fünf Tage liegen Sie bewußtlos hier herum, und dann glauben Sie, daß Sie Halsweh haben. Er gehört zu den forschen Deutschen, die ich nicht mag. Ich glaube ihm kein Wort. Streitlustig sage ich: Von fünf Revonal ist man doch nicht fünf Tage bewußtlos. Fünf Revonal habe ich gesagt. Ja, natürlich. Die habe ich genommen. Gestern abend. Also bin ich in München. – Fünfzehn waren es mindestens, die wir

aus Ihrem Magen gepumpt haben. Und außerdem haben Sie sich noch eine ganz schöne Menge Barbiturzäpfchen einverleibt. Die waren viel schlimmer. Ich mache die Augen zu, will den Blonden nicht mehr sehen. Es ist ja alles nicht wahr, ich wollte nicht sterben, habe fünf Tabletten genommen, fünf und nicht mehr. Ich möchte nicht einschlafen, bevor ich alles weiß, ich möchte nicht, aber bin müde und schlafe.

Wache auf. Kann gleich denken. Denken gelingt jetzt schneller und besser. Wo ist Hanna? Ich bräuchte sie, und sie ist nicht da. Die einzige, die mir erklären könnte, was wirklich gewesen ist.

Pfleger kommen, heben mich aus dem Bett, legen mich auf eine Bahre, fahren mich zum Lift, der Lift gleitet abwärts, sie schieben mich durch den Flur in ein Zimmer, legen mich in ein ganz gewöhnliches deutsches Krankenhausbett, ohne dicke Metallstäbe, das mich nicht wiegt. Ich sage, daß ich in mein erstes Bett zurückmöchte. Sie lachen, als hätte ich einen Witz gemacht: In die Intensivstation? Seien Sie froh, daß Sie draußen sind. Ich bin nicht froh, schaue mich um und sehe voller Abneigung, daß in dem Zimmer noch drei andere Betten stehen, in denen fremde Frauen liegen, und keine von ihnen stirbt. Sie starren mich an; die am nächsten liegt, will ein Gespräch anfangen. Das kann ich nicht aushalten, drehe den Kopf weg, schließe die Augen und schlafe ein.

Ich wache auf. Es ist alles unverändert, nur Gerd ist da und mein Bruder. So schlimm war es also, daß sie

ihn gerufen haben. Er streichelt mich, fragt, ob ich etwas will. Ich möchte Hanna, weiß aber, daß er sie mir bestimmt nicht beschaffen will. Habe Sehnsucht nach gutem Geruch, sage mit schwerer Zunge: Eau de toilette, Via Lanvin. Einen ganzen französischen Satz habe ich herausgebracht, deutlich genug, daß er ihn versteht, denn er weiß natürlich nicht, was Via Lanvin ist.
Er sagt: Wir holen dich hier raus, der tüchtige Gerd hat ein Zimmer in einem Sanatorium am Tegernsee für dich bestellt. Ich protestiere, das sei zu teuer, bin aber glücklich, hier wegzukommen, in meine Landschaft. Daß ich lieber nach Hause möchte, behalte ich für mich.
Wieder kommen zwei Männer. Diesmal sind es Malteserhelfer. Die Prozedur des Wegbringens beginnt von neuem, die Bahre, der Lift, er fährt aufwärts, ich begreife es nicht, wir wollen doch auf die Straße. Das Zimmer mit den drei Frauen war nicht im Keller, ich erinnere mich deutlich an ein großes, helles Fenster. Verwirrt schließe ich die Augen, schlafe ein, wache auf, liege in einem fahrenden Wagen, der mich wiegt, stärker, noch schöner als das erste Bett. Neben mir sitzt einer der Malteser und hält meine Hand. Ich schlafe ein, wache auf und wünsche mir, die Fahrt möge nie ein Ende nehmen.

Ein großes Zimmer mit zwei Fenstern, die nach Norden gehen, zum Glück nicht auf die Berge, das könnte ich nicht aushalten, noch nicht. Viele von

Freunden geschickte Blumen, eine resolute alte Ärztin, die mir Sympathie zeigt und streng fragt: Warum haben Sie das getan? Ein begabter Mensch wie Sie, mit so guten Freunden? Sie glaubt mir nicht, daß ich es nicht «getan» habe, und nach schwachem Widerstand belasse ich es dabei. Eine muntere, zu meiner Freude recht unkompetente, an Kranke offensichtlich nicht gewöhnte Krankenschwester, ein Zimmermädchen, das irgendwann sagt: Jetzt geht's ja schon besser. Wie man Sie reingetragen hat, habe ich gedacht, Jesses, die bringen die zum Sterben her.
Noch sehr schwach, sehr verschlafen. Doch die Perioden des Wachseins werden länger; ich spüre mich, meinen Körper, so nah am Tod, so ganz zurückgekommen.
Heilschlaf in der Intensivstation. Fünf Tage herausgebrochen aus der langen Folge der Tage, die ein Leben ausmachen. Unwiederbringlich verloren. Weggesunken in Tiefen, die ich nicht kenne. Doch habe ich in der Bewußtlosigkeit Dinge erfahren, von denen ich nichts wußte.

Moni und Hanna im Chor: Man darf nichts erwarten. Natürlich darf man, soll man, muß man. Ohne Erwartung kein Leben, aber alles geht schief, wenn eine Forderung daraus wird. Ich habe gefordert. Von Hanna, daß sie mir gehört, für mich da ist. Das will ich nicht mehr. So alt bin ich nicht. Ich kann noch lernen. Wir werden ja sehen.

Will ich aufs Klo, muß ich der Schwester klingeln. Sie umschlingt mich und schleift mich mehr als sie mich führt ins Bad. Am dritten Tag denke ich: Das kann ich allein. Sobald ich die Füße auf den Boden gesetzt habe, falle ich hin. Ich weiß nicht mehr, wie man geht. Die schnell herbeigerufene Krankengymnastin zeigt es mir, erklärt mir, welche Muskeln ich gebrauchen muß. Am nächsten Tag staunt sie, daß ich es kann. Ich habe verbissen geübt, gehen ist wichtig, gehen ist Glück. Beim Gehen fällt mir das ein, wovon ich schreibend erzähle. Ich kann wieder gehen, aber stocksteif, meine Beine sind ungelenk und schwer.

Dann kommt Hanna. Mit einem großen Strauß roter Rosen. Hanna und Rosen. Das paßt nicht zusammen. Sie sieht schlecht aus. Wir unterhalten uns wie gute Bekannte, nicht wie Menschen, die zusammenleben. Etwas Undefinierbares steht zwischen uns. Mehr als fünf Tage Bewußtlosigkeit. War Ruschko brav? Wie geht es Moni? Ist der Installateur endlich dagewesen? Müde Fragen, müde Antworten. Plötzlich sage ich: Warum kommst du erst jetzt? Das Undefinierbare hindert mich zu sagen, wie sehr ich sie gebraucht hätte, wie gut es gewesen wäre, beim Erwachen in ihrer Nähe zu sein.

Sie erklärt, daß meine Freunde sie nicht zu mir gelassen haben. (Meine Freunde, so verschieden sie sind, eine Einheit, die gegen Hanna steht.) Sie, die als einzige immer bei mir auf der Intensivstation war, die meine Freunde jeden Tag telefonisch informiert hatte,

erfuhr nichts mehr. Nicht, daß ich aufwachte, daß ich verlegt wurde, daß ich an den Tegernsee kam. Ganz zufällig hörte sie es, als eine Freundin Kleider für mich holte.
Das Undefinierbare ist definiert. Wir haben an demselben gelitten. Doch das hebt die Distanz nicht auf.
Ich rieche an den Rosen. Kein Duft. Das ist heutzutage bei Rosen meistens so. Aber ich finde, wenn Hanna mir Rosen bringt, müßten sie duften.
Pathetischer, als es ihre Art ist, sagt sie: Wenn du gestorben wärst, ich hätte Schluß gemacht. Sie glaubt mir, daß ich nicht die Absicht hatte, mich umzubringen. Nickt zustimmend zu meinen Argumenten, daß ich es nie mehr wie einst bei den Eltern in einem Haus tun würde, in dem ich am Morgen gefunden werde, daß ich es nie tun würde, wenn der Hund bei mir ist. Ich wollte nicht sterben, mag sein, daß die Todessehnsucht, die tief in mir schlummert, in jener Nacht an die Oberfläche kam.
Sie erzählt mir, wie alles ablief. Zweimal hat sie gehört, daß ich ins Bad ging. Es ist anzunehmen, daß ich trotz der fünf Tabletten nicht schlafen konnte, im somnambulen Zustand aufstand, um mehr Tabletten und die Zäpfchen zu nehmen. Ganz vage entsteht in mir ein Bild, daß ich Mühe hatte, die Suppositorien aus der Verpackung zu lösen. Wach war ich nicht. Am Morgen kam Moni zu Hanna und sagte, daß es unten ganz still und der Hund seltsamerweise nicht im Zimmer, sondern auf dem Gang sei. Da fand Hanna mich vor dem Bett in Erbrochenem liegend. Rief

einen Rettungswagen und brachte mich ins Krankenhaus.
So war das also. Das habe ich ausgeführt und nichts davon gewußt. Meine Beine sind gegangen, meine Hände haben gewerkelt, doch ich war nicht dabei. Wo war ich? Ein paar Tränen laufen mir bis zu den Mundwinkeln. Ich frage: Wieso ist die Intensivstation so hoch oben, so hoch, daß das Bett leise schwankt? – Die Intensivstation ist im Parterre. Ich kann es nicht glauben. Werde es nie glauben können. Das Verlangen nach «oben» bleibt. Nach dem sanft wiegenden Getragenwerden, durch Schläuche gefüttert wie ein Embryo. «Unten» bei den drei Frauen, die brutale Realität, die ich nicht wollte.

Mit Hanna gehe ich zum erstenmal ins Freie. Im Wagen sind die beiden Hunde. Ruschko lacht schon von weitem, als er mich sieht. Dalmatiner können lachen, zerren die Lefzen hoch, entblößen die Zähne, grinsen. Zeichen höchster Freude. Ich nehme ihn, von dem ich ungestraft Liebe erwarten darf, in die Arme, voll Zärtlichkeit, und weine ein bißchen.
Auf den Wiesen liegen noch Schneereste. Die Berge sind weiß. Auf den Hängen hier am Ringberg habe ich Skifahren gelernt, sage ich, und da unten auf der größeren der beiden Inseln meine erste Zigarette geraucht. Und auch meinen ersten Kuß bekommen. Mit dreizehn, von einem Vetter, der doppelt so alt war wie ich. Ich war wahnsinnig verliebt in ihn, aber der Kuß machte mich nüchtern, mit dreizehn fand ich,

daß ein verheirateter Mann keine kleinen Mädchen küssen darf. Wir lachen. Und in diesem Lachen kehre ich endgültig auf die Erde zurück. Weiß, daß es Auschwitz und Mauthausen gegeben hat und an unzähligen Orten noch immer gibt und daß ich mit diesem Wissen leben will.

Nach einigen Minuten kann ich nicht mehr gehen. Hanna bringt die Hunde in den Wagen, dann führt sie mich geschickter als die Schwester ins Haus zurück.

In den ersten Tagen bekomme ich das Essen ans Bett gebracht, dann lasse ich es mir auf den Tisch stellen und setze mich auf das kleine Sofa davor. Die Ärztin sagt auffordernd: Wollen Sie nicht in den Speisesaal kommen? Ich will nicht. Will keine Kontakte in diesem Sanatorium der alten reichen Bürger, denen das Mitmachen noch anzusehen ist. Ich esse weiterhin allein in meinem Zimmer.

Gehe jeden Tag spazieren. Immer ein bißchen weiter. Durch den Wald voll blühender Anemonen hinunter zum See. Da drüben am anderen Ufer steht das Haus, in dem ich zur Welt kam. Ganz sicher war das erste, was ich von Landschaft sah, diese glitzernde Wasserfläche. Mag sein, daß ich das gleiche Wohlbehagen über das Spiel der Wellen spürte wie jetzt. Die Erinnerungen sind hier lebendiger als anderswo. Vielfältiger, greifbarer als in München, wo ich in meiner Jugend doch zehn Monate des Jahres verbracht habe und nur zwei hier am See. Gleichzeitig mit dem

Tod des Vaters, der 1937 starb, hörte mein Leben in Deutschland auf. So ist er es vor allem, an den ich denke, ihm verdanke ich es, wenn ich alle Härten einigermaßen gut überstand. Er geht mit runden Schultern, die ich wie so viel anderes von ihm geerbt habe, neben mir, findet die Welt schön, wie ich sie schön finde, lebt gern, wie ich gern lebe, und glaubt an den Fortschritt, an den ich nicht glaube. Als ich einmal ein bißchen Erfolg mit einem Buch hatte, sagte mein Bruder: Wie schade, daß Mutter das nicht erlebt hat. Es hätte ihr, die oberflächlich und ehrgeizig war, ganz sicher Spaß gemacht. Mein Vater dagegen hätte gedacht: Das habe ich immer gewußt. Sein Glaube an mich, die Stütze, die mich hielt.

Einmal war, was selten vorkommt, der See zugefroren. Ich fuhr mit Vater von München heraus, in Gmund verließen wir den Zug, gingen zum Ufer und schnallten die Schlittschuhe an. Betraten ein wenig zögernd die stumpfe grauweiße Fläche. Am Rand saßen ein paar Enten, doch in der Mitte gab es kein Leben mehr. Aufgehackte Stellen waren mit Tannenzweigen markiert. Das Wasser donnerte gegen das Eis, es klang, als könne es jeden Augenblick brechen. Und nirgendwo ein Mensch. Ob ich Angst hatte? Ich weiß es nicht mehr. Aber ich hielt während des ganzen Laufes bis Egern Vaters Hand fest, im Vertrauen, daß mir nichts passieren würde, wenn ich nah bei ihm war.

1934 haben die Nazis ihn doch mitgenommen, in

Egern, kurz nach Weihnachten. Eine Klientin von ihm war verhaftet worden, sie holten ihn, damit er ein paar Auskünfte gebe. Aber weil der Mann, der das Verhör führte, an diesem Tag nicht mehr an den Tegernsee kam, schafften sie Vater nach München ins Gefängnis. Und weil Wochenende war, behielten sie ihn dort, und weil er ein Jude war, wußte niemand, was geschehen würde. Nach zwei Tagen kam er frei, seine Kollegen von der Anwaltskammer hatten ihn herausgeholt. Über seine Klientin war er nicht befragt worden. Er lächelte und meinte, es sei eben ein neues Abenteuer gewesen und auch nicht uninteressant für einen Juristen, ein Gefängnis von innen zu sehen. Aber seine guten braunen Augen waren voll Trauer, die in den drei Jahren, die ihm noch blieben, nicht mehr daraus verschwand. Und anstatt mich über seine Befreiung zu freuen, lag ich abends im Bett und heulte.

Moni besucht mich (angemeldet) um die Mittagszeit, in der vollkommene Ruhe im Haus herrscht, auch das Telefon ist abgeschaltet. Sie ist um die Augen grüngolden geschminkt, etwas, das ich noch nie bei ihr gesehen habe, was ihr außerordentlich gut steht. Sie weint. Ich nehme sie in die Arme, sage beruhigend: Aber ich lebe ja. Wahrscheinlich ungemein töricht. Ich habe furchtbaren Durst, sagt sie, kann ich ein Bier haben? Ich gehe brav den Korridor entlang bis zur Rezeption und sage dem Mädchen, das dort sitzt und ein unwilliges Gesicht über die Störung

macht, daß ich gern eine Flasche Bier hätte. Jetzt? – Ich habe einen Gast, der durstig ist. – Um drei Uhr, jetzt nicht.
Ich greife in die Hosentasche und schiebe ihr ein Geldstück hin. Etwas, das mein Vater nicht getan hätte. Er hielt die meisten Menschen für unbestechlich. Ich glaube, daß sie bestechlich sind, fast alle, auch ich, nicht mit Geld, aber mit Liebe, Anerkennung, großen und kleinen Geschenken, mit allem, was wohltut. Hanna ist vielleicht der einzige wirklich unbestechliche Mensch, den ich kenne. Kann sein, daß gerade das den Umgang mit ihr so schwierig macht. Das Mädchen steckt das Geld ein und sagt mürrisch: Ich bringe das Bier. Aber es darf niemand erfahren.
Nachdem Moni getrunken hat, fragt sie: Warum haben Sie das getan? – Ich schweige, lächle. Natürlich haben Sie es getan. Woher kommt es, daß Monis Verzweiflung immer wie Anklage klingt? Mit Freude stelle ich fest, daß sie mit ihrem Gerede mir meine neu gewonnene Sicherheit nicht mehr nehmen kann. Es ist mir gleichgültig, was sie sagt. Ich streichle ihr Haar und denke ohne jede Emotion: Wie gut ist es, daß ich eine eigene Küche habe, wenn ich nach Hause komme.

Bei einem meiner immer länger werdenden Spaziergänge, auf zwei oder drei Stunden schon ausgedehnt, über Wege, die ich als Kind unzählige Male gegangen bin, wo ich glaube, jeden Baum zu kennen, und manchmal verwundert stehenbleibe, weil da, wo ich den Baum erwarte, ein Haus ist, so ein putziges mit Holzbalkonen, herzförmigen Speicherluken und einer schmiedeeisernen Laterne über dem Eingang, bayerischer Landhausstil heißt das und ist doch nichts als eine jämmerliche Kopie alter Bauernhäuser, vorfabriziert und eines wie das andere. Bei einem dieser Spaziergänge will ich zum Bauern in der Au, habe aber keine Lust, auf der geteerten Straße, die inzwischen den Fußweg ersetzt hat, weiterzulaufen, und biege ein in die Schwarze Tenn. Würde ich immer geradeausgehen, käme ich zu einem Pfad, der rechts abzweigt zur Tegernseer Hütte, die unter dem Buchstein steht, dem kleinen Felsgipfel, von dem ich mich einmal zu Tode habe stürzen wollen. Da oben liegt Schnee, so gern ich hinaufstiege, muß ich doch einsehen, daß meine Beine noch zu wacklig sind. Auch würde sich im Sanatorium ein großes Wehklagen erheben, wenn ich um die Mittagszeit nicht in meinem Zimmer wäre. Ich bin eine Gefangene, eine Bewachte, für die fremde Menschen die Verantwortung übernommen haben. Weil ich noch Zeit habe, setze ich mich auf einen Baumstamm, der so gut riecht wie ein ganzes Sägewerk. Stütze den Kopf in die Hände, mache die Augen zu. Sehe einen Reiter, der einen Anlauf nimmt, über eine Hürde springt, davongaloppiert. Immer wieder. Als Kind besaß ich einen primitiven Apparat, der sich bewegende Bilder auf eine weiße Wand projizierte. Die Filmschleife mit dem Reiter war meine liebste. Ich drehte und drehte die

Handkurbel, um ihn immer wieder anzuschauen. Den kurzen Anlauf des Pferdes, den Sprung, das Weggaloppieren. Hör doch endlich damit auf, sagte das Kinderfräulein, es ist ja immer dasselbe. Es war immer dasselbe. Doch ich wollte nicht aufhören.

Ich hatte nie mehr an den springenden Reiter gedacht. Plötzlich ist er da. Anlauf, Sprung, Galopp. Das Leben. Mein Leben. Die Hürde nehmen. Immer das gleiche. Und der Wunsch, es möge so weitergehen. Nie ist der Reiter vom Pferd gefallen. Nie hat er die Hürde verfehlt. Solang ich die Kurbel drehte. Doch die an den Enden zusammengeklebte Filmschleife ist manchmal gerissen. Dann weinte ich, bis ein Erwachsener kam und das Zelluloid wieder reparierte.

Jetzt muß ich das selber tun. Es fällt mir schwer. Ich habe es nicht gelernt. Bei aller Selbständigkeit, aller Emanzipation habe ich mich darauf verlassen, daß jemand da ist, der die Schleife flickt.

Hanna hat mir bei ihrem Besuch gezeigt, daß sie nicht mehr willens ist, es zu tun. Wahrscheinlich war sie es nie. Doch ich habe dauernd darauf gewartet, es unterschwellig verlangt, sie dazu erpreßt.

Nicht irgendwer sollte meine Schleife reparieren, nur Hanna konnte es. Nach Urs' Tod nur Hanna. Meine nie geäußerte, doch stets vorhandene Angst, sie würde mich verlassen. Auf den Gedanken, die gerissenen Schleifen selbst in Ordnung zu bringen, war ich nicht gekommen.

Um mich herum alte Menschen, die den Partner verloren haben, fein herausgeputzt, andere in Sack und Asche. Hilflos halten sie in beiden Händen zerfetztes Zelluloid. Betteln mit den Augen um Hilfe. Doch niemand hilft. Illusion und Zwänge. Verbitterung und Aggression. Will ich so sein wie sie? Zu leben aufhören, bevor alles zu Ende ist? In Lethargie versinken?

Warum hat mir der Vorwurf «alte Kapitalistin» so zugesetzt? Warum habe ich ihn nicht einfach überhört? Geld war nie mein Problem. Erst hatte ich welches und dann keines und wieder Geld und noch einmal keines. Ich war eine verwöhnte Prinzessin und ein gejagter, zur Ausrottung bestimmter Mensch, mit dem gelben Stern gekennzeichnet wie die zum Fällen markierten Bäume mit einem weißen Ring.

Als Elfjährige beendete ich einen Schulaufsatz mit der Feststellung: Denn man kann auch ohne Geld wahrhaft glücklich sein. Der Lehrer hatte mit roter Tinte ein Fragezeichen an den Rand gemalt. Vor ein paar Jahren fand ich das Heft unter altem Gerümpel. Las es, erstaunt und ein wenig gerührt über meine Naivität.

Ich gebe gern. Wahrscheinlich habe ich dabei Fehler gemacht, übersehen, daß Hanna beim Nehmen leidet, sie gebeten, bei mir staubzusaugen, mit mir spazierenzugehen, weil ich dachte, daß dies das Nehmen erleichtere. Doch sie wollte nicht staubsaugen, nicht jeden Tag zur gleichen Stunde denselben Weg gehen und dafür bezahlt werden. Sie wollte überhaupt nicht bezahlt werden.

Wir haben uns verrannt. Wir werden, falls wir zusammenbleiben, uns noch öfter verrennen.
Es wäre so einfach gewesen, Hanna, einen Bund zu schließen, in den ich das Geld einbrachte und du deine Kraft und wir beide unsere Vernunft. In dem eine der anderen hilft und keine fordert. Doch ist das Einfache schwer, besonders wenn Dritte daran zerren und wir sie zerren lassen.
Ist jetzt alles zu Ende? Ich weiß keine Antwort. Stehe vom Baumstamm auf und gehe in mein Gefängnis zurück.

Vor dem Sanatorium parkt Hannas R 4. Sie hat ihn da abgestellt, damit ich einen Wagen habe, sobald ich hier loskomme. Die Ärztin hat mir abgeraten, mich ans Steuer zu setzen, bevor ich wieder ganz hergestellt bin. Ich gehe um den kleinen roten Wagen herum, streichle ihn. Weiß, daß ich schneller gesund werde, wenn ich fahre. Die Schwierigkeiten von Ärzten, unsere Leidenschaften zu begreifen. Abzuwägen, was wichtig ist für Menschen, die sie nicht kennen. Ein kurzes Zögern, dann steige ich ein. Lasse den Motor an, fahre. Sehr vorsichtig, sehr konzentriert. Ein Stück am See entlang, biege ein in das Kreuthertal. Hier liegt eine geschlossene Schneedecke. Die Loipe ist menschenleer, aber noch gut erkennbar. Ich fahre bis zur österreichischen Grenze, kehre um. In Egern, das einmal mein Dorf war und jetzt ein Sammelsurium von Talmieleganz, halte ich an, steige aus. Der Gasthof, wo wir Kinder abends in Steinkrügen das Bier holten, wo die Holzdielen knarrten und es nach frischgebackenem Brot roch, ist in ein Superhotel der rheinischen Großindustrie verwandelt. Ich gehe zum Friseur nebenan, lasse mir die verpappten Haare waschen, tönen, die verwahrlosten Nägel maniküren. Schlendre an den Geschäften vorbei, kaufe mir einen schicken Regenmantel. Fühle mich gesund genug, um in den nächsten Tagen heimzufahren.

Einmal im Monat gibt es hier ein kaltes Buffet, *das Fest* genannt. Die Ärztin, die Hausdame, die Schwester kommen nacheinander zu mir, um beschwörend zu sagen, daß ich daran teilnehmen müsse. Gerade weil ich bald entlassen werde, könne ich mir ja ohne diesen Abend gar kein richtiges Bild von dem Haus machen. Unwillig ziehe ich mich an. Dunkle Hose – einen Rock habe ich nicht dabei –, Seidenbluse und Strickjacke. Die anderen Frauen sind herausgeputzt, in Cocktailkleidern mit glitzerndem Schmuck. (Nein, falscher Schmuck glitzert, dieser aber ist echt und funkelt.) Sind alle verkleidet, die Männer in Trachtenjacken – schaut her, wie flott wir sind. Im Sanatorium nur zum Vergnügen, weil wir es uns leisten können.
Ich sitze am Tisch mit einer Frau aus dem österreichischen Hochadel, wahrscheinlich älter als ich, mager, die einzige außer mir in Hosen, durchtriebenes Gesicht. Einer Dicken aus Frankfurt, die hier ist, um abzunehmen. Einem dauernd mit dem Kopf wakkelnden Fabrikanten aus Dortmund. Einem athle-

tisch gebauten Autor erfolgreicher Romane, der ununterbrochen über sich redet und keinen zu Wort kommen läßt. Und dem noch ziemlich jungen blassen Arzt des Hauses, der mich ein paarmal in Vertretung der Ärztin besucht hat.

Das kalte Buffet, lust- und kunstvoll aufgebaut. Die Butter ist zu einem Ritter mit einem Schwan geformt – in fernem Land, unnahbar euren Schritten – mit Hummern, Lachs, Gänseleber und vielen Salaten – so kostbar als auf Erden nichts bekannt. Als ich sehe, wie sich diese Reichen ihre Teller volladen, nur, weil sie das alles sozusagen umsonst bekommen, vergeht mir der Appetit. Ich stochere auf meinem Teller herum. Der Arzt sagt strafend: Mögen Sie das nicht? Die anderen schlingen, ihre Kiefer mahlen, ihre Augen quellen über, als seien sie alle von Basedow befallen, Raubfische auf Beutezug. Sobald sie ihren Teller geleert haben, eilen sie zum Buffet und füllen ihn neu. Nur die Österreicherin bleibt sitzen. Nach dem Buffet werden Torten und Kompotte serviert. Die Dicke nimmt von allem, brüstet sich mampfend, daß sie schon sechs Pfund abgenommen habe. Ja mei, sagt die Österreicherin, das werden Sie heut wieder zunehmen, vielleicht noch a bisserl mehr. Die Dicke zuckt zusammen, der Arzt murmelt schuldbewußt: Sie hätten sich vielleicht mehr zurückhalten sollen. Aber passiert ist passiert.

Der Autor, der neben mir sitzt, erzählt mir, welche Schwerarbeit das Schreiben sei und was für Halsabschneider die Verleger wären. Dann fängt er an, auf

die Leute zu schimpfen, die nur über sich selbst schreiben, weil sie anderes nicht beherrschen, ohne action – englisch ausgesprochen –, ohne Dialoge. Und links ist diese pazifistische Bande obendrein.
Ich habe das Gefühl, daß ich auf einer Bühne sitze, in einem banalen Boulevardstück eine Statistenrolle spiele; alte Witwe, die nie ein Buch liest oder höchstens eines des Schwadroneurs an ihrer Seite, sich für Politik nicht interessiert, junge Menschen abscheulich findet und was noch so zu diesem Bild gehört. Der Fabrikant ist auch ein Statist. Nur bei der pazifistischen Bande hat er das Kopfwackeln unterbrochen und zustimmend genickt.
In einer der wenigen Redepausen des Autors ertönt die Stimme des österreichischen Hochadels triumphierend: Bayern wär ein so schönes Land, wenn es den Strauß nicht geben tät. Alle sitzen erstarrt, nur die Dicke frißt weiter, das von der Anstrengung des Essens gerötete Gesicht des Arztes wird noch röter, er räuspert sich: Wir wollen doch nicht politisieren.
Die Befreiung. Ich hebe mein noch fast volles Weinglas und trinke der Österreicherin zu. Sie prostet zurück und sagt: Auf die hungernden Kinder in Afrika. Steht auf, grüßt hoheitsvoll nach allen Seiten und verläßt den Festsaal.

Heimfahrt über Landstraßen durch den bayerischen Frühling, der spät, kurz und explosiv ist. Nicht lieblich wie der im Tessin, wo alles Blühen Zeit zur Entfaltung hat. In Bayern ist es bedrängt durch die Kälte des langen Winters und die Hitze des nahen Sommers, in ein paar Wochen muß alles vor sich gehen. Wie schön ist dieses Land. Wieviel schöner war dieses Land, als die Wiesen noch bunt und duftend waren von unzähligen Blumen, die weggeätzt sind vom scharfen Kunstdünger, dem nur der Löwenzahn standhält, so daß hie und da auf einem Geviert ein von der Ferne schön anzuschauender gelber Teppich liegt.

Ein wenig besoffen über das Glück zu leben. Mich stark genug zu fühlen, Menschen zu akzeptieren, weil sie sind wie sie sind. Du sollst dir kein Bild machen von ihnen, sowenig wie von Gott, ich habe das Gebot meiner Vorfahren vergessen. Ein Bild engt ein, legt fest, etwas, das nicht festzulegen ist, das sich wandelt im ständigen Fluß. So ist Gott nicht, so ist ein Mensch nicht. Nimm ihn an, wie er sich gibt, nicht wie du denkst, daß er sich geben sollte.

Habe ich Gott gedacht? So gedankenlos wie in großer Not: Lieber Gott, hilf. Gewohnheit aus Kinderzeit. Kein Glaube. Lieber Gott, mach mich fromm, daß ich in den Himmel komm. Vom Kinderfräulein vorgesagt. Die Eltern beteten nicht. Hätten sie es getan, wäre es anders gewesen. Himmel und Hölle gibt es bei Juden nicht. Kein Jenseits. Seit wann habe ich gewußt, daß ich nicht in den Himmel komme? Nicht in den Himmel kommen will? Daß niemand hilft, wenn ich bete? Niemand mir helfen kann? Liebe, ein Lachen, Gesundwerden, eine blühende Wiese, ein

Gedicht ist der Himmel. Und Auschwitz die Hölle. Ich lebe unter Mördern, ich weiß, daß es sich unter Mördern leben läßt.

Eine baden-württembergische Behörde hat einen um Asyl bittenden Kurden, der angab, er würde bei seiner Rückkehr in die Türkei gefoltert, mit der Begründung abgewiesen, daß Folter und Mißhandlungen in der Türkei ein allgemeines Phänomen seien.
Der 1938 amtierende holländische Justizminister hat Juden, denen nach der Kristallnacht die Flucht gelungen war, mit der Bemerkung zurückgeschickt, ein Konzentrationslager sei nicht tödlich.
Gottes Mühlen mahlen langsam. Mahlen sehr oft nicht. Doch dieser Justizminister ist in einem KZ zu Tode gekommen. Schon wieder denke ich: lieber Gott. Lieber Gott, mache, daß ich keinem Menschen die Folter wünsche.

Ein absurder Traum.
1941 in Holland. Eine jüdische Frau, deren geliebter Mann gerade im KZ Mauthausen ermordet worden ist. Die keine Möglichkeit mehr sieht, weiterzuleben, die nicht weiterleben will. Ein deutscher «Arier», der die Nazis verabscheut. Ein Linker, doch nicht so exponiert, um in Gefahr zu sein. Oberspielleiter der Oper in Essen, Mitglied der Reichskulturkammer. (Die Vorbedingung, um arbeiten zu können.) Wehrfähig, nur freigestellt, weil Theater wichtig sind. Der Mann besucht die Frau. Auf die Straße können sie

nicht gemeinsam. Sie beschließen, nach dem Krieg zusammenzubleiben. Niemand würde auch nur einen Pfifferling für das Leben eines der beiden oder gar beider geben. Die Deportation aller Juden in die Vernichtungslager hat noch nicht begonnen. Kaum einer überlebt. Im Herbst 1944 schließt Goebbels die deutschen Theater. Die Männer werden eingezogen, kommen an die Front.
Erst Anfang 1946 höre ich von Urs. Im Spätsommer gehe ich von zwei holländischen Jungen geführt über die grüne Grenze, denn die Alliierten lassen keine Staatenlosen nach Deutschland einreisen. (Staatenlos bin ich, seit die Deutschen uns im September 1941 die Staatsbürgerschaft aberkannt haben.) Ich muß wissen, ob ein Zusammenleben noch möglich ist. In den ersten Minuten des Wiedersehens schon haben wir die Gewißheit, daß wir es wollen. Unser absurder Traum ist Wirklichkeit geworden.

Es gibt keine absurden Träume mehr. Nur kleine Träume, aber auch die werden seltener. Der Traum, in Hannas Nähe leben zu können. Gibt es ihn noch? Ich weiß nicht.

Rekonvaleszent

Der lachende Hund zu Hause. Mein weißer Schatten. Der mich an die Erde bindet. Sein Leben besteht darin, mir nachzulaufen. Katzenmenschen verachten das tief. Werfen uns Hundemenschen vor, daß wir diese Ergebenheit brauchen. Diesen Gehorsam. Diese Abhängigkeit. Abwertende Wörter für Liebe.

Der Hund ist da und Moni, die meinen Koffer ins Haus trägt. Wo ist Hanna? – Och, sagt sie obenhin, die ist weg. – Was heißt weg? – Abgehauen. Wir haben uns verkracht. Irgendwann wird sie schon wiederkommen. Übrigens ist sie ohne Wagen fort. Der BMW steht in der Garage. Um den brauchen Sie keine Angst zu haben.

Ich habe keine Angst um den BMW, ich habe Angst um mich. Alle Freude, daheim zu sein, ist vergangen. Gute Vorsätze sind vergessen. Ich brauche Moni nicht, ich brauche Hanna. Für die ersten Schritte ins neue Leben, die nicht so einfach sind. Hanna weiß das genau, und doch ist sie fort. Hat sich über Moni geärgert und an mich nicht gedacht. Vielleicht schon gedacht, aber ich war ihr gleichgültig. Sie hat mich einfach fortgewischt. Bei dem vielen Nachdenken über unsere Gemeinschaft habe ich vergessen, daß es

nicht nur um meine Stellung zu den beiden geht, sondern auch um die der beiden zueinander. Um drei Stimmungen, drei verschiedene Bedürfnisse.
Ich habe jemand bei mir wohnen. Einen Mann. Sie müssen mir versprechen, es Hanna nicht zu erzählen.
Natürlich verspreche ich es. Ich bekomme ihn nicht zu sehen. Zum Essen gehen sie aus. Das Frühstück bringt Moni aus ihrer Küche nach oben.
Begegne ich ihr auf dem Gang, umarmt und küßt sie mich. Ohne etwas zu sagen. Schnurrend wie eine Katze.
Das tut gut, aber hilft mir nicht über meine Labilität hinweg. Ich weine leicht, habe den Wunsch, mich zu verkriechen, mich ins Bett zu legen, die Decke über den Kopf zu ziehen. Die Gedanken springen, gejagt, verworren.
Der Mensch da oben stört mich. Hannas Wegsein stört mich. Der von mir in allen Einzelheiten ausgemalte neue Anfang findet nicht statt.
Manchmal schreibe ich. Merke, wie gut die fünf bewußtlosen Tage in der Tiefe dem Buch, an dem ich arbeite, getan haben, wie sie ihm eine neue Dimension geben, die meine früheren Bücher nicht hatten. Aber ich bin körperlich noch zu schwach, um lange hintereinander am Schreibtisch zu sitzen. Stehe dazwischen auf, gehe in den durch einen Rundbogen abgetrennten Teil des Zimmers hinüber und lege mich auf die Couch. Schaue durch die kleinen Bauernhausfenster auf das junge Grün im Garten und freue mich, weil meine alten Möbel schön zu den modernen aus-

sehen und ich endlich, zum erstenmal in meinem Leben, genug Platz für die Bücher habe. Spiele mir selbst eine Sicherheit vor, die nicht besteht, tue, als ob ich wüßte, daß ich hier bleibe.

Kurz vor meiner festgelegten Abreise ins Tessin – sie kann nicht verschoben werden, weil ich Gäste erwarte – sagt Moni: Mein Freund ist abgereist. Hanna kommt heute zurück. – Hat sie angerufen? – Jeden Tag.

Wieder fühle ich mich ausgeschlossen. Ich wohne hier, aber zu Hause bin ich nicht. Es wird noch ärger, als Moni fortfährt: Daß mein Freund da war, sage ich Hanna selbst. Sie würden es ihr ja doch erzählen. Eine Welle der Kälte schlägt mir entgegen. Nichts hat sich geändert. So geht es nicht.

Ein paar Tage mit Hanna. Die beiden sind sich versöhnt in die Arme gefallen, ich höre sie schäkern und turteln, sitze unten, wie immer allein. Am letzten Abend gehen wir zusammen aus, Moni ist freundlich, Hanna distanziert.

Am Morgen fahre ich fort. Zwar habe ich in diesem Sommer weniger Gäste als sonst, doch auch die wenigen zerren an meinen Nerven. Es ist jedes Jahr dasselbe. Warum lade ich sie ein? Ich kann nicht ohne Menschen leben, bin glücklich, wenn andere meinen Fleck Erde «den schönsten Platz der Welt» und «ein Paradies» nennen. Aber die Freunde bleiben meistens für Wochen, und dann kommen andere, auch für Wochen, und ich muß mich jedesmal umstellen, will, daß sie es gut bei mir haben, und gebe dabei zuviel von mir selbst auf. So fange ich an, die Eigenheiten eines jeden zu verabscheuen, reagiere ungerecht, überheblich; zum Frühstück gibt es je nach Wunsch des Gastes Tee oder Kaffee, ich trinke mit, was gerade da ist, es war mir egal, jetzt ärgert es mich, daß dieser Kaffee und jener Tee will, gern Eier ißt oder Grapefruits. Ich mache das nicht mehr mit, möchte in Ruhe gelassen werden, wie komme ich dazu, all diese Dinge einzukaufen, die ich nicht brauche. Habe keine Lust mehr zu kochen, will arbeiten oder lesen oder Bergtouren machen. Allein mit dem Hund, dem einzigen, der mich nicht quält, auch wenn die Nachbarn sich beklagen, daß er an ihre Haustür pinkelt, auch wenn er Fremde, die ihm nichts getan haben, unterwegs wütend anbellt oder – selten – sich in eine Rauferei einläßt.

Verlangen nach Hanna, doch sie kommt nicht in diesem Jahr, vielleicht nie mehr.

Das nicht Faßbare, das wir Seele nennen

Im Spätherbst nach München. Zu Hause erwarten mich Veränderungen. Moni hat einen einjährigen Kurs für Heilpädagogik belegt. Nicht nur sie, auch Hanna beschäftigt sich mit nichts anderem als Psychologie. Sie haben sich viele Bücher gekauft, reden fachmännisch über anale und ödipale Phase, und Hanna sagt, es sei ihr wie Schuppen von den Augen gefallen, woher ihre Schwierigkeiten kämen, von den Eltern natürlich, woher denn sonst, von den zu großen Erwartungen, die diese in sie als Kind gesetzt hätten. Eine Pianistin habe man aus ihr machen wollen, um jeden Preis, weil die Eltern aus den Träumen vom Künstlertum nicht herausgefunden hätten. Sie hat einen seltsamen Glanz in den Augen, ist begeistert, ein Ungläubiger, der nach langem Suchen seine Religion gefunden hat. Moni ist kühler, ich habe nicht den Eindruck, daß ihr Interesse an der Psychologie sehr spontan ist, eher ein Mittel zum Zweck des sozialen Aufstieges. Heilpädagogin ist mehr als Kindergärtnerin. Obendrein bekommt sie die Ausbildung umsonst, bezahlt vom stets verachteten Staat. Erst freue ich mich, vor allem über Hannas wiedererweckte Lebendigkeit, doch bald wird mir klar, daß die Psychologie nichts Gutes für mich bedeutet. Ich bin ein Studienobjekt. Wenn die beiden Zahnmedizin studierten, würden sie mir in ihrem Lerneifer Löcher in die Zähne bohren. So stochern sie in meiner Seele herum oder, weil eine Seele ja schwer zu fassen ist, in meiner Vergangenheit, durch die sie erkennen wollen, warum ich so bin und nicht anders.

Deine Eltern? Unmöglich, daß sie so großartig waren, wie du behauptest. Von deiner Mutter gibst du wenigstens zu, daß sie eine beherrschende Person war, die dir nichts zutraute, ewig an dir herumnörgelte und dich anders haben wollte, als du warst. Doch auf deinen Vater läßt du nichts kommen. Nie hat er dich enttäuscht, dich nie im Stich gelassen. Mit allem, was du machtest, war er einverstanden. Das kann nicht sein, so viel Güte und Verständnis gibt es nicht. Und wie stand es mit deinem Penisneid? Du hattest keinen? Wußtest überhaupt nicht, was ein Penis ist? Mit einem halbwüchsigen Bruder und einem Vater, bei dem du jeden Sonntagmorgen im Bett lagst. Du sagst, er trug lange weiße Nachthemden, die alles verdeckten, und auch den Bruder hast du nie nackt gesehen. Wer's glaubt, wird selig. Schön, es war damals in euren Kreisen nicht üblich, nackt in der Wohnung herumzulaufen, doch hast du bestimmt gewußt, daß die beiden Männer etwas hatten, das dir fehlte. Typischer Fall von Verdrängung. Auf die Brüste deiner Mutter warst du neidisch? Die wolltest du haben, weil sie weich und kuschelig waren? Nicht vielleicht, um durch sie für deinen Vater begehrenswert zu sein? Überleg es dir. Dieser Neid

spricht ja Bände. Im übrigen ist es sonnenklar, daß du ein Problemkind warst, du brauchst dir ja nur die Geschwisterreihe anzuschauen, da stehst du an letzter Stelle, bist also von Anfang an die Kleinste und Dümmste gewesen.
So Hanna. Und Moni: Es muß doch einen Grund haben, daß Sie nicht wissen, was Liebe ist. Ich lache. – Da brauchen Sie gar nicht zu lachen. Sie wissen es nicht. Wie oft verspüre ich Lust, ihr eine zu schmieren. Da ich sie nicht ernst nehmen kann, lasse ich es sein.

Ich komme am Stadtmuseum vorbei und sehe ein Plakat: «Überleben und Widerstehen – Zeichnungen von Häftlingen des Konzentrationslagers Auschwitz». Gehe hinein. Die Bilder hängen in einem einzigen, nicht sehr großen Saal, viel ist es nicht, was die Polen nach München geschickt haben. Wahrscheinlich haben sie selbst nicht mehr. Ein Wunder, daß diese Blätter überlebten. Außer mir ist niemand da. Ein Besucherbuch liegt auf. Einige haben sich eingetragen. Ich lese: Nie wieder. Nicht vergessen. Immer daran denken. Nicht Auschwitz allein, auch Chile, El Salvador und und und ... Ich schreibe meinen Namen, das Datum von heute, als Wohnort Mauthausen. Ich schreibe Waikis Namen, das Datum von heute, als Wohnort Mauthausen. Mauthausen, ein Städtchen in Österreich. Ein wenig stromabwärts von Linz. In üppiger Blütenlandschaft. Ich schreibe weiter: «Mauthausen grüßt Auschwitz.» Der Leichenwagen Mauthausen im Festzug der Mörder, die nicht aufhören, Festzüge zu veranstalten, rund um die Welt.

Hanna und Moni scheinen ein Herz und eine Seele zu sein, doch beginne ich gerade jetzt, daran zu zweifeln, daß diese Verbindung dauern kann. Hanna ist zu dominierend, Moni noch immer das heimatlose Kind. Mitleid mit Moni. Ihr Bier, würde sie sagen, wenn sie es wüßte. Was geht es mich an, ob Sie Mitleid mit mir haben. So werde ich abgewiesen. Mein Bier, dein Bier (oder auch nur um ein kleines bißchen besser: mein Problem, dein Problem). Hanna erklärt mir, daß auch dahinter eine tiefe psychologische Bedeutung stecke. Wenn jemand wisse, was sein Bier sei und was nur den anderen angehe, würde das Zusammenleben erleichtert. Mag sein, für mich wird es erschwert.
Die beiden kreisen um sich selbst. Mein Bier, dein Bier, den ganzen Tag, sanktionierte Hackordnung, Geschwätz, Wörter, die sich aufgemacht haben, einen Inhalt zu suchen.

Oder verstehe ich einfach ihre Sprache nicht? Fremde Laute, die mir nichts sagen. Ist das, was ich, was meine ganze am Ende angekommene Generation mit dem Schlagwort des Kreisens um sich selbst abtut, nicht vielleicht Neugierde auf sich selbst?
Unsere Hilflosigkeit, unsere Mißverständnisse. Mein Bier, dein Bier kommt in meiner Sprache nicht vor,

und es gibt kein Wörterbuch, in dem ich nachschlagen kann.

Als ich an der Feldherrnhalle vorbeigehe, dort wo sich einst die Erinnerungstafel für die Gefallenen des Hitlerputsches von 1923 befand, die die Menschen grüßen mußten wie den Hut des Geßler (die das nicht wollten, machten den Umweg durch die Viscardigasse, die bald im Volksmund Drückebergergasse hieß), merke ich mit einemmal, daß ich nicht weiß, wie, wo, wann und durch wen ich erfuhr, daß Hitler zum Reichskanzler ernannt worden war.
Das Ereignis, das die Welt für mich veränderte. Mich vogelfrei, zur Un-Person machte, mir die Identität nahm. Der Anfang des Untergangs.
Waiki und ich waren nach Frankfurt gefahren zum Geburtstag seiner Mutter am 28. Januar. Am 30. waren wir noch dort. Frankfurt steht fest. Der einzige Anhaltspunkt.
Möglichkeiten des Erfahrens sind: Wir haben es in der Zeitung gelesen. (Unwahrscheinlich; wir haben es sicher gewußt, bevor die nächsten Zeitungen herauskamen.) Wir haben es im Radio gehört. Freunde haben uns angerufen. Freunde sind gekommen, um es uns zu berichten. Fremde haben es auf der Straße erzählt, weinend vor Entsetzen oder jubelnd vor Begeisterung. Ich weiß noch nicht einmal, ob wir es gemeinsam hörten. Vielleicht war jeder allein. Vielleicht hat Waiki mir oder ich ihm die tödliche Neuigkeit berichtet.

Als ich diese Verdrängung gewahr werde, ist es ein Schock. Die ganze Nacht bemühe ich mich, Spuren in meinem Gedächtnis zu finden. Ohne Erfolg.
Im allgemeinen kann ich mich auf mein Gedächtnis verlassen. Weiß über den Morgen, an dem die Deutschen in Holland einfielen, Bescheid, als sei es gestern gewesen. Habe das Schießen der Flak im Ohr und den Einschlag der Bomben, sehe den Rauch aufsteigen über Schiphol, weiß noch, wie Waiki und ich gemeinsam die Treppe von unseren Schlafzimmern in die Wohnung hinunterliefen, wo die gepackten Koffer standen, denn wir wollten am Vormittag über Pfingsten nach Zeeland fahren, der westlichsten Insel, die länger standhielt als das übrige Holland. Von dort aus war England nah. Wären die Deutschen ein paar Stunden später gekommen, hätte uns unser Pfingstausflug gerettet.
Ratlos standen wir herum und wußten nicht, was draußen geschah, bis wir endlich auf die Idee kamen, das Radio einzuschalten. Der erste Satz, den wir hörten: Die Flugzeuge unserer Verbündeten sind über unserem Land und haben den Kampf gegen die Deutschen aufgenommen. – Bestätigung des Überfalls und Beruhigung zugleich, daß wir von Freunden verteidigt wurden. Noch immer spüre ich meine Übelkeit, wie ich anfing zu zittern und wie nah Waiki und ich beieinander waren.
Genauso deutlich weiß ich über alles Bescheid, was danach geschah. Glaube, so darüber Bescheid zu wissen. Und jetzt muß ich erkennen, daß der Tag der

Machtergreifung aus meinem Gedächtnis verschwunden ist.
Tiefes Mißtrauen gegen meine Zeugenschaft. Der Sinn meines Lebens nach dem Krieg, Zeugnis abzulegen gegen den Feind, ist in Frage gestellt.
Hohes Gericht, auf die Frage wie, wo, wann und durch wen ich von der Machtergreifung erfuhr, bleibe ich die Antwort schuldig. Da ich die äußeren Gegebenheiten nicht mehr weiß, kann ich auch nichts über meine Gedanken und Emotionen aussagen.
Ob ich entsetzt war? Ich weiß es nicht. Ob ich Unheil voraussah, wenn auch nicht in dem Umfang, wie es dann kam? Ich weiß es nicht. Ob ich mir in meiner Verzweiflung wünschte, zusammen mit Waiki auf der Stelle zu sterben? Ich weiß es nicht. Doch ist nicht anzunehmen, daß ich in den ersten Stunden auch nur einen kleinen Teil der fürchterlichen Zukunft voraussah.
Ein Schreibender braucht die Erinnerung. Sie gehört zu seinem Handwerkszeug, ebenso wie Phantasie und Wunsch zu gestalten. Ohne Erinnerung kein Schreiben.
Hohes Gericht, ich habe geschrieben und ich schreibe weiter. Die Wahrheit? Ich hoffe es. Die ganze Wahrheit, nichts als die Wahrheit? Ich muß den Eid verweigern.
Auch von den Wochen nach der Machtergreifung weiß ich wenig. Wir fuhren nach München zurück, in Bayern gab es noch die alte Regierung, eine sehr konservative, keine von Hitlers Gnaden. Wie lebten

wir? Taten wir, als sei nichts geschehen? Sprachen wir über Emigration? Sicher weiß ich nur eines: Weil die Münchener Theater keine linken Stücke mehr aufführten, wollten wir einen Lesezirkel gründen und als erstes Brechts Heilige Johanna der Schlachthöfe lesen. So naiv waren wir.

Und da, am Rosenmontag, ganz scharf, ganz plötzlich setzt meine Erinnerung wieder ein. Auf dem Ball im Regina. Irgendwann traf ich Waiki, der sagte: Ich habe gerade mit einer getanzt, die ist besoffen, die erzählt die ganze Zeit, daß der Reichstag brennt. – Der Reichstag, das große Haus? Ein Scherz, und obendrein ein dummer.

Ich hatte in dieser Nacht einen Kavalier, der mir gut gefiel, einen lustigen jungen Bildhauer, der Zeh hieß und, weil er der jüngste von fünf Geschwistern war, der kleine Zeh genannt wurde. Mit ihm zusammen gingen wir nach dem Ball noch ins Luitpold, ausgelassen, leicht beschwipst, und sagten von Zeit zu Zeit lachend: der Reichstag brennt, der Reichstag brennt. Im grauenden Morgen fuhren wir in unserem winzigen Dixi den kleinen Zeh zu seiner Wohnung nach Schwabing. Dann wieder stadteinwärts nach Hause. An der Ecke von Ludwigs- und Akademiestraße stand ein Zeitungsverkäufer. Waiki stieg aus, kam mit der Zeitung zurück, streckte sie mir entgegen. Ich las: Der Reichstag brennt.

In der regnerischen Dämmerung zerstoben unsere Hoffnungen. Aschermittwoch einen Tag zu früh. Es war aus.

Moni therapiert ein Kind. Einen Buben, der nicht einmal sonderschulfähig ist, der nicht länger als ein paar Minuten bei einer Sache bleiben kann. Sie erklärt mir stolz ihre Aufgabe: Das Kind bestimmt den Weg, der Erwachsene folgt ihm. Ich bekomme das Protokoll zu sehen, das sie über diese Stunden führt, und lese: Ein Gewehr in der Hand, sagt er: Ich schieß dich tot, bumbum. Ich schieß den Mann tot, der da unten vorbeigeht, bumbum. Ich schieße alle Kinder tot, bumbum.

Woher um Himmels willen, frage ich, hat er das Gewehr? – Es liegt bei den Spielsachen. – Das ist ja Wahnsinn. – Nein psychologisch. Kinder müssen ihre Aggressionen im Spiel abbauen können. – Aber doch nicht mit Gewehren.

Sie kann mir nicht einreden, daß es nur so geht. Ich glaube es nicht. Auch einem gesunden Kind würde ich kein Gewehr in die Hand geben, ganz sicher keinem psychisch kranken.

Ich möchte weinen über die Aggression, die so tief in den Menschen steckt, daß sie selbst dieses gestörte Kind zu einem Aggressor macht. Gepreßt frage ich: Woher weiß der Bub, was totschießen ist? Was weiß er vom Tod? – Das hört er doch von anderen Kindern.

Sie spielt ihre Überlegenheit aus. Ich muß ihr entsetzlich blöde vorkommen. Wahrscheinlich bin ich es auch.

Sie spürt meine Bewunderung. Genießt sie, genießt ihren Status als Therapeutin. Ich sage ihr, daß ich auch als junge Frau völlig unfähig für diesen Beruf gewesen wäre. Sie kann ihn ausüben. Schafft sich das, was sie in ihrer neuen Psychologiesprache ein Erfolgserlebnis nennt.

Sie kommt herunter, ein Papier in der Hand: Wissen Sie, was Omnipotenz heißt? Wie unsinnig schwer muß ihr dieses Studium fallen, ohne jede Kenntnisse in Latein. Dann werde ich mißtrauisch. Sie hat oben ein Psychologie- und ein Fremdwörterlexikon. Will sie mich testen? Mich aufs Glatteis führen? Dafür wäre dieses Wort schlecht gewählt. Es gibt unzählige Begriffe der Psychologie, die ich nicht oder nur ungenau kenne. Schulmeisterlich erkläre ich: Omni, du kennst Omnibus, ein Auto für alle, und weißt, wenn ein Mann potent ist, dann kann er. Also Omnipotenz heißt Allmacht. Dann drehe ich den Spieß um und zitiere, als ob es einen wichtigen Zusammenhang mit Omnipotenz hätte: Gallia est omnis divisa in partes tres. Sie schaut mich mit großen erschreckten Augen an.

Gespräch mit Hanna – Streitgespräch, aber das sind jetzt alle unsere Unterhaltungen. Warum sagst du mir nicht guten Morgen, gehst an meiner offenen Küchentür vorbei, als merktest du nicht, daß ich dasitze und Kaffee trinke? – Warum machst du deine Tür nicht zu, dann siehst du mich nicht. – Sie weiß natürlich, daß die Tür offensteht wegen des Hundes, der nicht gern in der Küche ist, weil er da keinen weichen

Platz zum Liegen hat, aber bei geschlossener Tür auf dem Gang heult. Wenn sie vorbeigeht mit einem Gesicht, das ausdrückt, daß sie nicht angesprochen werden möchte, habe ich das Gefühl, daß ich sie störe, nicht nur in diesem Augenblick, sondern überhaupt. Gutenmorgensagen ist Zuwendung, Nähe. Auch Ruschko sagt mir guten Morgen, steigt mit den Vorderpfoten aufs Bett, stupst mich, wedelt mit dem Schwanz; ich habe es ihm nicht beigebracht, er tut es von selbst, aus Freude, daß die Nacht vorbei ist, wir wieder füreinander da sind und bald zusammen in den Wald gehen. Hanna findet Gutenmorgensagen eine sinnlose Konvention, tut sie es doch, fühlt sie sich als braves Kind, das die Eltern erfreuen will. Sie erklärt mir umständlich, daß der miserable Zustand unserer Gesellschaft, die Verzweiflung der Jungen von dem Beharren auf Konventionen komme, das uns zu Jasagern macht. Ich mag nicht, daß sie Tradition als Konvention bezeichnet, Formeln ablehnt, die sich füllen lassen mit Zärtlichkeit, einem Streicheln, einem flüchtigen Kuß, dem weichen Klang einer Stimme. Wie schön ist das Namasté der Nepalesen, wenn sie sich mit gefalteten Händen im Vorübergehen verneigen.

Ich bleibe bei meinem Standpunkt: Nicht guten Morgen zu sagen, ist keine Freiheit, sondern infantile Angst, Berührungsangst. Hanna schaut mich spöttisch an. Du bist auf Verteidigungstrip, immer fühlst du dich angegriffen. («Trip», ebenso abscheulich wie «mein Bier, dein Bier».) Von allen Menschen angegriffen, setzt sie hinzu. Nicht von allen, Hanna, nur von dir, und ich glaube, daß ich mich nicht nur angegriffen fühle, sondern daß du handfest angreifst. Mit Ironie, aus der ich Ablehnung heraushöre. Du behauptest, ironisch könntest du nur bei Freunden sein, mit Menschen, die dich nicht interessieren, würdest du dich nicht abgeben. Ich bin verwirrt, kenne mich nicht mehr aus. Seit die Psychologie über uns gekommen ist, kann ich auch bei Hanna Provokation und wirkliche Meinung kaum mehr unterscheiden. Was ist Psychologie überhaupt? Eine Erkenntnis? Eine Wissenschaft? Ein Spiel? Spiel mit dem nicht Faßbaren, das wir Seele nennen? Simultanspiel? Gesellschaftsspiel? Erschwerung oder Erleichterung der Kommunikation?

Im Frühjahr entschließt sich Hanna doch, mit ins Tessin zu gehen, um mir bei der Gartenarbeit zu helfen. Ein Versuch mit Grigio, wenn er ihn nicht aushält, will sie sofort zurückfahren. Aber der Hund ist vergnügt wie immer, streunt allein durch die Gegend, macht keine Anstalten wegzulaufen. Natürlich bringen wir ihn nicht in die Nähe von Enzios Haus, doch es ergibt sich, daß wir einige Male an Enzios Dorf vorbeifahren. Hunde erkennen im Auto meist lange vor der Ankunft den Ort, an dem sie daheim sind. Wodurch? Am Geruch? An der Umgebung? An der Weise, in der das Auto fährt, die Kurven genommen werden? Grigio liegt gleichgültig im Wagen und zeigt nicht, daß er weiß, wo er ist. Weiß er es wirklich nicht? Oder war das Erleben von Enzios Tod so furchtbar, daß er alles, was damit zusammenhängt, auch die Umgebung, verdrängt? Ist sein Nichtreagieren vom Wunsch bestimmt: ich will mit diesem Platz nichts mehr zu tun haben? So wenig wissen wir von Hunden, den Tieren, denen wir uns so nah glauben. Intensiv genießt Grigio das neue Leben. Sentimental sind nur Menschen.

Es ist zu früh im Jahr, um auf Berge zu steigen; oben ist alles noch weiß. Bei einer kleinen Tour quälen wir uns eine Stunde lang über einen kurzen Hang, sinken bis zu den Hüften ein, der Schnee ist stumpf und faulig, nur die Hunde sind leicht genug, um über die brüchige Decke zu laufen. Danach lassen wir es sein, gehen im Tal oder auf halber Höhe spazieren. Hanna lacht, wenn ich mich über die vielen neuen Häuser aufrege, über die großen abscheulichen Betonbauten mit ihren leerstehenden Wohnungen, umgesetztes italienisches Fluchtkapital, es ist den Besitzern gleichgültig, ob sie vermieten oder nicht, wenn sie nur ihr Geld in die Schweiz gerettet haben. Es ist ihnen auch gleichgültig, ob sie mit ihren Klötzen eine Landschaft zerstören und in das Leben der Tessiner einbrechen.
Sei nicht albern, sagt Hanna, unten ist sowieso schon alles kaputt, und oben auf unseren Bergen wird nichts passieren. Aber sie kann mich nicht trösten, die Häuser nicht wegzaubern, sie stehen da wie für die Ewigkeit.

April, hier der schönste Monat. (Nur der Oktober ist mit dem flammenden roten Laub und dem süßen Geruch der reifen Trauben fast ebenso schön.) Gleich neben dem Parkplatz schwebt die altrosa Wolke der beiden Cornusbäume. Die japanischen Kirschen blühen, Feuerstrauch und Steinbrech und die vielen Kamelien, weiß, rosa, weißrosa gefleckt und rot. Die Rosen treiben schon, vom Steingarten unten weht der Duft der weißen Narzissen herauf zum Portico, und die Wiese ist von wildem Krokus übersät. Urs hat sich das Haus ausgedacht; mit seinem von der Bühne geschulten Raumempfinden alles entworfen, und der Architekt ist seinen Intentionen, die ihm zu einfach schienen, unwillig gefolgt. Immer wieder sagte er klagend: Oh la la, Sie wollen ein Kloster haben. Für den Garten hat Urs sich nicht sonderlich interessiert. Der war von allem Anfang an Hannas und meine Spielwiese, auf deren beiden Ebenen wir Bäume und Sträucher pflanzten und Blumenbeete anlegten. Von allem zuviel, ahnungslos über die Kraft des Tessiner Bodens, der Tessiner Sonne.

Auch jetzt setzen wir zwei junge Bäume, einen gefiederten japanischen Ahorn und eine Zuckereiche – quercia di zucchero hat der Gärtner gesagt, und wir wissen nicht, ob er geflunkert hat, haben den Namen nie gehört und können ihn auch nirgendwo verzeichnet finden. Das Bäumchen sieht wie eine Steineiche aus, immergrün, mit kleinen spitzen Blättern. Wir setzen den Komposthaufen um, verstreuen den Humus auf die Beete, nehmen die Dahlienknollen aus

dem Torf im Keller und legen sie in die Erde, zupfen Unkraut, schneiden, graben um und düngen.
Ruhen uns auf dem Portico aus, trinken Kaffee, essen Panettone und schauen in die große Weite über dem grünen Gegenhang, auf den See und die vom Dunst zart verhüllten fernen Dörfer.
Am Abend Kaminfeuer. Hanna hat es angezündet und meldet bei jedem Scheit, das sie in die Flammen legt, woher es stammt: Das ist von der Mimose und das von der Feige und das vom beim Sturm umgestürzten Essigbaum. Sie hat sie alle zersägt, zusammen mit Fiori, dem Tessiner Maurer, der mein Jahrgang ist, aber noch rüstig, an schwere Arbeit von klein auf gewöhnt, nur über Schmerzen in den Beinen klagt er und über Schmerzen an der Welt. Er ist Kommunist aus Rebellion gegen Ungerechtigkeit, war zweimal in Rußland und hat sich von dort ein Bäumchen mitgebracht und im Wald eingepflanzt. Aber ich glaube, daß ihm allmählich auch Rußland nicht mehr gefällt. Resigniert versichert er mir, wie gut wir es haben, daß wir alt sind. Hoch über meinem Haus stehen seine beiden Rusticos, zu denen er selten mehr hinaufsteigt. In einen Felsen davor hat er eine Nische gehauen, in die einmal seine Urne und die seiner schon gestorbenen Frau Maria kommen sollen: Ich will doch nicht hier unten im Dorf liegen, wo alles so fremd geworden ist. Noch hat er Marias Urne bei sich zu Hause im Wohnzimmer stehen und schleppt sie liebevoll an, wenn man ihn besucht. Dann laufen ihm Tränen übers Gesicht: Maria war

soviel jünger als ich und hat doch fortmüssen. Hanna spricht nur ein paar Brocken italienisch und er kein Deutsch, doch wenn sie gemeinsam arbeiten, höre ich sie den ganzen Tag reden. Fare piovere giardino, sagt Hanna, und das bedeutet, daß er den Garten gießen soll, wenn niemand da ist. Si, si, antwortet er, Blumen. Fiori – Blumen. Vielleicht klingt sein Name für ihn auf deutsch noch geheimnisvoller und schöner. Beim prasselnden Feuer im Kamin erzählten wir uns früher Geschichten. Unsere Wünsche stimmten überein, wir verstanden uns und sahen mit den gleichen Augen; es gab unsere romanischen Kirchen – und unsere griechischen Tempel – und unsere Urwaldzeit. Jetzt redet Hanna allein, über Psychologie. Ich bin froh, daß wieder etwas da ist, das sie begeistert, nachdem sie fast alles, was früher wichtig war, aus ihrem Leben verbannt hat. Und ich akzeptiere die Psychologie, akzeptiere sie als etwas Schönes, Rundes, das Verkrampfungen löst. Doch tief in mir lebt die Angst, daß sich das alles ins Gegenteil verkehren wird, wenn Moni wieder dabei ist, und daß es statt Moni auch jeder andere Mensch sein könnte, dem sich Hanna gerade zugewendet hat, weil einer es immer sein muß, und ich weiß, daß ich dieser eine nie bin.

Ich will es auch gar nicht sein. Nicht mehr. Lange Zeit habe ich getan, als ob ich eine Zwanzigjährige wäre, so leben könnte. Aber das glückt immer weniger. Da ist der Wunsch nach dem Mittagsschlaf. Mich ausstrecken, leermachen, aus mir heraustreten. Da ist

der Schmerz im Sprunggelenk, der das Bergabgehen erschwert. Mit Skilaufen habe ich aufgehört. Die Zwanzigjährigen in ihren Latzhosen werden von den vollen Pisten nicht gestört, nicht vom Anstehen an den Liften. Vergnügt schlüpfen sie in die harten Plastikungetüme, bei mir wehrten sich erst die Zehen, dann die ganzen Füße gegen Schuhe, in denen ich nicht gehen kann. So wurde das Skifahren, das einst Bedürfnis war, gestrichen. Wie gut das tut. Ich kann zu Hause bleiben, wenn andere sich in der Kälte tummeln. Ich mag mich nicht tummeln.
Will auch nicht *der* Mensch eines Menschen sein. Würde Urs leben, ja, gemeinsam alt zu werden ist – wahrscheinlich – sehr schön. Die Einschränkung, weil ich glaube und es rund um mich sehe, daß die Ängste um den anderen und damit die um sich selbst immer mehr zunehmen. (Ein Buch über Witwen schreiben, die, von der Guten-Frau-Rolle befreit, selbständig und kreativ werden.)
Während Hanna mir enthusiastisch über Kinderpsychologie erzählt, versuche ich, mir eine Alterspsychologie auszudenken. Nicht die Papis und Mamis sind schuld, die gutmeinenden, alles verkehrt machenden. Ich bin es allein, von der es abhängt, ob ich mit meiner Geschichte leben kann.

Ruschkos leises Weinen weckt mich auf. Er läuft unruhig im Zimmer herum, schaut mich hilfesuchend an, die weißbewimperten braunen Augen weit aufgerissen. Draußen blitzt es und donnert. Was ist denn los? frage ich verschlafen, ein Gewitter, das kennst du doch. Er stellt sich an die Tür, will hinaus. Offensichtlich glaubt er, nirgendwo anders als in diesem Raum tobe das Wetter. Ich gehe mit ihm auf die Diele, dann ins Wohnzimmer. Als er merkt, daß das Gewitter überall ist, wird sein Weinen verzweifelter. Ich streichle ihn, suche vergebens, ihn zu beruhigen.

Setze mich. Denke nach. Sein Verhalten ist mir ein Rätsel. Noch nie hat er sich vor Gewittern gefürchtet. Dann begreife ich: Er wird alt. Spürt, daß seine Kräfte abnehmen. Sobald einer nicht mehr auf seinen Körper vertrauen kann, kommen die Ängste. Neue, bisher nicht gekannte. Der vereiste Steilhang am Piz Naïr, den ich mit Skiern queren mußte. Die Freunde weit voraus, sie wußten genau, daß mir solcher Quergang nichts ausmachte. Doch plötzlich war alles anders, die Schwäche in den Beinen, das Gefühl, es nicht zu bewältigen. Die Angst kam in Wellen, krampfte das Herz zusammen. Ich schaffte es trotzdem, ganz langsam.

Seit dieser Zeit hat es mich oft überfallen, auf steilen Wiesen, im Fels, manchmal im Wasser – ich mag nicht mehr weit hinausschwimmen –, aber auch wenn ich mit Menschen zu tun habe, bei einer Reise, die ich allein antreten muß. Gefordert zu werden war früher Freude, ich bin so stark, viel stärker, als ihr denkt, ihr werdet schon sehen, das, was ihr mir nicht zutraut, bringe ich spielend zustande. Und jetzt das klägliche Ausgeliefertsein. Die Kraft reicht nicht mehr aus, ich habe Angst.

Das ist das Alter. Anders als erwartet. Langsamer, grausamer. Die Zeit spielt mit mir, schlägt zu, läßt frei, schlägt zu. Angst vor dem nächsten Schlag. Angst auch in den Augenblicken der Freiheit.
Was soll's?
Ich weiß, daß ich bald sterben werde. Übe mich, den Tod anzunehmen. Warum fürchte ich mich vor vielem, das ich nie fürchtete?
Müde bleibe ich sitzen, bis es draußen ruhig geworden ist. Die Hundeschnauze liegt auf meinem Knie, meine Hand liebkost seinen Kopf.

Die Hingabe an das, was wir sind (Chögyam Trungpa, Rinpoche)

Im Herbst besteht Moni ihr Examen, kann sich Heilpädagogin nennen und findet bei einer kirchlichen Institution in einer kleinen württembergischen Stadt eine Stellung als Kindertherapeutin und Elternberaterin. Es gibt einige Komplikationen, sie ist vor langem aus der Kirche ausgetreten und hat nicht vor, wieder zurückzukehren, etwas, das ihren Dienstherren nicht gefällt, aber anscheinend können sie niemand anderen finden und sagen: Gut, auf ein Jahr. Sie zieht aus, nicht gerade mit Sack und Pack, einen Stützpunkt will sie in München behalten, und ein Jahr ist nicht lang. Vielleicht doch länger? Man macht Moni Hoffnungen, wenn sie sich bewähre, könne man ja noch einmal darüber reden. Sie bewährt sich, setzt sich voll ein, die Arbeit gefällt ihr, die Institution ist zufrieden. Doch über die Verlängerung, auf die sie so wartet, wird nicht gesprochen.

Da gibt es ein Fest, da kommt ein Bischof, da trinkt Moni sich Mut an, geht schon leicht beschwipst zu dem Bischof, erzählt ihm, daß sie gern bleiben würde und er möge ein gutes Wort für sie einlegen. Ja sicher, ja gerne, sagt der hohe Gast zerstreut, und

Moni kehrt selbstbewußt und ein wenig schwankend zum niederen Volk zurück.
Wird am nächsten Tag zu einem Vorgesetzten bestellt, der ihr mitteilt, jetzt gäbe es leider keine Möglichkeit mehr, sie über ihren Vertrag hinaus zu behalten; wie habe sie es wagen können, sich direkt an den Bischof zu wenden und die Institution zu übergehen. Den Schwips erwähnt er nicht, das ist nicht mehr nötig.
Die Freude an der Arbeit ist weg, die Bürokratie schlug zu, Moni hat die Spielregeln verletzt, die ihr nie jemand beibrachte. Wieder einmal steht sie da mit leeren Händen und dem Haß gegen die Gesellschaft. Sie bleibt, solange der Vertrag läuft, keinen Tag länger. Hanna wohnt weiter bei mir, doch ist meistens bei ihr.
So bin ich fast den ganzen Winter allein im Haus, sehe viele Menschen, arbeite und fahre Weihnachten mit Freunden nach Nepal.

Es ist meine zweite Reise in den Osten. Die erste führte mich vor einigen Jahren nach Ladakh, in Indiens an Tibet grenzende buddhistische Region. Sie war erst seit kurzem für Fremde geöffnet und noch ganz untouristisch. Wir fuhren über die unbefestigten Paßstraßen bis auf viertausend Meter Höhe und schliefen auf Blumenwiesen und am Indusufer in Zelten. Ich war von der Landschaft, der Hochgebirgswüste mit den strahlenden Farbsprenkeln im Grau der Berge betrunken. Die dünne Luft, die mir

das Atmen leicht und meine Gedanken durchsichtig machte, tat das Ihre dazu. Eine Verzauberung setzte ein, eine mir sonst fremde religiöse Bereitschaft. Ich stieg die hohen, wie für Riesen gebauten Treppenstufen der Klöster hinauf, zog oben meine Schuhe aus und betrat auf Socken, durch die niederen, wie für Zwerge gemachten Türen schlüpfend, die sakralen Räume. Trank den am Anfang widerlich, aber bald gut schmeckenden Buttertee, den die Mönche uns reichten. Ahnte das Geheimnis, wünschte mir Hingabe, aber spürte die Grenze, an die ich stieß, sobald meine abendländische Ratio vor zu schwere Anforderungen gestellt war. Die Wiedergeburt: ein schönes Märchen, der Glaube daran für mich eine Unmöglichkeit.
Meine Mitreisenden, Menschen, die sich durch ihr Interesse für den Buddhismus zusammengefunden hatten, schienen diese Schwierigkeiten nicht zu kennen, ich war unwissend von einer Magie überwältigt, mit der ich nicht fertig wurde. War ich zu alt? Geistig nicht mehr beweglich genug, mich umzustellen?
Was wäre aus mir geworden, wenn ich dieses Land kennengelernt hätte, als ich jung war?
In Leh, der dörflichen Hauptstadt, wo oben auf der zerfallenen Burg die bunten Lappen, die Gebetsfahnen, wehen, wohnten wir in einem unsäglich drekkigen Haus. Nie wurde gekehrt, die Boys zogen die Teller durch fettiges Wasser und wischten sie an ihren schmutzigen Jacken ab, überall stank es nach Klo. Das alles inmitten eines der schönsten Blumen-

gärten. Riesiger Mohn blühte in vielen Farben. War er als Augenweide für die ausländischen Gäste gepflanzt oder als Drogenspender für die jungen Europäer und Amerikaner, die, oft kaum mehr imstande, sich aufrecht zu halten, durch die Straßen zogen? Verloren, todgeweiht, losgelöst von ihrer Kultur, heimatlos auf eine bestürzende Weise. Welche Anziehungskraft übte auf sie der Osten aus?

Weit vor der Stadt, auf einer großen Wiese, einer von zwei Indusarmen umflossenen Insel, ganz nah dem Zeltdorf der Tibetflüchtlinge, predigte viele Tage hintereinander der Dalai Lama. Dem aus seinem Land geflohenen, in Nordindien lebenden Gott-König war es von der indischen Regierung zum erstenmal erlaubt worden, hierherzukommen, zu den Flüchtlingen, die sein Volk, und zu den Ladakhis, die es zwar nicht politisch, doch spirituell waren. Ein ungeheures Ereignis: Treffen, Wiederfinden, Erlösung.

Namy, der junge, in Deutschland lebende Tibeter, der uns führte, von uns allen ob seiner Wärme, seiner Phantasie, seines Witzes und seiner Intelligenz geliebt, stammte aus einer Thankamalerfamilie, war als Kind mit den Eltern vor den Chinesen geflüchtet und in einem buddhistischen Kloster Nordindiens erzogen worden. Es war eine Freude, mit ihm durch dieses Land zu ziehen, er redete die Sprache der Einheimischen und übersetzte uns das, was sie ihm schreiend und lachend erzählten. Seit wir in Leh waren, hatte er sich verändert. Blieb die Abende weg, wurde von Tag zu Tag verschlossener, erregter;

ich weiß nicht, ob meine Gefährten es ganz verstanden, ich bin ein Emigrant gewesen, und mir wurde klar: hier ist ein Emigrant nach Hause gekommen, nicht ganz nach Hause, aber doch beinahe, zu seinesgleichen.

Rund um die Stadt kampierten unter freiem Himmel, im Regen, der hier fast nie, aber in diesen Tagen heftig fiel, die Menschen, die aus den fernsten und höchsten Bergdörfern mit Kind und Kegel herunter in das dreitausendfünfhundert Meter hohe Tal gezogen waren.

Von der Wiese habe ich ein Foto mit heimgebracht, auf dem ein großer schöner Mann, von zwei kleinen Töchtern begleitet, mit einer Inbrunst betet, die bei uns nur noch auf den Bildern des Mittelalters existiert. Auf einem anderen gehen zwei Uralte, Mann und Frau, Hand in Hand verklärt dahin. Hoffnungslos Fremde, standen wir dabei. Doch trotz Ausgeschlossensein, Zweifel und Unglauben verließ das Glücksgefühl mich keinen Augenblick.

Nach sehr langer Zeit hatte ich wieder angefangen zu fotografieren mit einem geliehenen Apparat, den ich vorher nicht ausprobieren konnte, ich nahm es nicht sehr ernst, dachte nur, daß man fotografieren so wenig verlernt wie radfahren oder schwimmen. Schon bald wußte ich, daß die Aufnahmen gelingen und mir helfen würden, das festzuhalten, was ich so wenig mit dem Verstand begriff. Ich fotografierte kaum Landschaften, immer nur Menschen. Gesichter mit breiten Stirnen und flachen Nasen, unendlich freundliche Gesichter, in deren geschlitzten Augen etwas von der lächelnden Weisheit, der Frömmigkeit des Buddha lag.

Diese Reise hat mich, doch das wußte ich erst später, noch mehr von Hanna entfernt. Ich hatte etwas erlebt, das sie nicht kannte und, wenn ich sie recht verstand, auch gar nicht kennen wollte. Unser immer variiertes Spiel «An was erinnert dich das?», in dem wir es zur Meisterschaft der Übereinstimmung gebracht hatten, war unterbrochen. Sie fand, es führe zu nichts, vor einer verschlossenen Tür zu stehen und durch die Ritzen in einen herrlichen Garten zu spähen.

Sie beriet mich bei der Auswahl der Bilder, die vergrößert werden sollten. Zeichnete die Ausschnitte auf den Kontaktabzügen ein, lobte mich für die Qualität, es war gut wie jedesmal, wenn ich mit ihr arbeitete. Doch merkte ich, daß die Fotos nichts anderes für sie bedeuteten als beliebige Abbildungen fremder, exotischer Menschen.

Nun also die zweite Reise in den Osten, nach Nepal. Wishnu, der schöne, junge Gott auf dem im Teich schwimmenden Schlangenbett, ist nicht Buddha, der Stifter einer Religion, bei der der Mensch im Mittelpunkt steht. «Niemand wird uns retten, alles ist ganz und gar dem Individuum überlassen, der Hingabe an das, was wir sind.» Der Hinduismus hingegen eine verwirrende Fülle von Göttern, Dämonen, Aber-

glauben. Dünn, ausgemergelt laufen die heiligen Kühe durch Kathmandus Straßen und behindern die Autos, die geduldig warten.
Aber die Berge. Für mich von früh an der Ort, wo Rationalität und Irrationalität zusammentreffen und nicht mehr zu unterscheiden sind. Ich war eine gute Bergsteigerin und hatte das Zeug dazu, eine sehr gute zu werden. Meine Möglichkeit, die Grenzen zu überschreiten. Auch dieser Lebensfaden von den Nazis gekappt. Nach Holland verschlagen, in die ungeliebte Ebene, als der Krieg vorbei war, zu arm, und als ich nicht mehr arm war, zu alt. Noch immer steige ich gut, doch es wird von Jahr zu Jahr weniger. Ein kleines Trekking in Nepal am Fuß von Machapuchare und Anapurna, den für mich unerreichbaren Gipfeln, eine Vollmondsilvesternacht unter den silbernen Gletschern. Die rund um den lodernden Holzstoß tanzende und singende Dorfbevölkerung, angeführt von dem schönen Mädchen, dem die anderen immer wieder bewundernd Raum geben: der Besten, Geliebten, der, die das Dasein verkörpert.
Gehen von Ort zu Ort, manchmal fast eben, dann wieder sehr steil. Das ist der Auftakt, doch die Überwältigung geschieht, als wir von der Hauptstadt aus nach langer Fahrt eine Höhe erreichen, von der die ganze Kette vom Kanchondzango bis zum Dhaulagiri zu überblicken ist. Es ist Abend, die Sonne geht unter, die höchsten Spitzen sind noch beschienen, allmählich erlischt auch auf ihnen das Licht, versickert von Osten nach Westen. Und da sehe ich, sehe es

wirklich, wie die Erde sich dreht, sich langsam aus der Helligkeit ins Dunkle wälzt.
Ich habe etwas gesehen, von dem ich nicht glaubte, daß es zu sehen sei. Stehe auf einer sich drehenden Kugel und stürze nicht ab. Werde von etwas gehalten, das ein Engel sein kann oder ein hierfür zuständiger Dämon oder Gott oder, wie man mir in der Schule erzählte, die Schwerkraft. Lehrer Weidinger hat sie auf die Tafel gezeichnet. So sicher, als ob er sie begriffen hätte. Aber ich bin überzeugt, daß er nichts begriff. Wissen und Begreifen sind zweierlei. Der Beweis dafür: es gibt noch immer KZs, noch immer Folter, noch immer Ausrottung. Es gibt Atombomben.
Hier habe ich etwas gesehen, von dem ich nicht glaubte, daß es zu sehen sei.

Die Insel

Du nimmst immer die Eltern gegen die Kinder in Schutz, sagt Hanna. – Ich mag bei dem Gezeter der Jungen «meine Mutter, mein Vater» nicht mitmachen. – Ich weiß schon, du hast die besten Eltern gehabt. – Die besten nicht, aber gute.

Meine frühesten Erinnerungen:

Ich sitze in einem offenen Wägelchen, Sportkinderwagen wurde so etwas genannt. Er steht auf einer großen Wiese, auf der dicke gelbe Blumen wachsen. Meine Mutter geht in der Wiese herum und pflückt einen großen Strauß, den sie mir in den Schoß legt. Ich stoße leise Schreie des Entzückens aus.

Mein Vater hält mich im Arm auf dem Balkon unserer Münchener Wohnung. Am Himmel zieht mit sanftem Brummen ein riesiges grauweißes Schiff vorbei. Zeppelin, sagt Vater. Ich versuche, das Wort nachzusprechen, aber es ist zu schwer. Doch das große Ding gefällt mir. Und mein Vater gefällt mir. Und daß er mich in den Armen hält, gefällt mir auch.

Ich bin dreizehn, habe Ferien, bin in Egern, wache früh auf, weil es draußen schon hell ist, liege in meinem schönen großen Zimmer mit den weißgestrichenen Möbeln und dem weißen Kachelofen, das auf der einen Seite vom Elternschlafzimmer flankiert ist und auf der anderen von dem meines großen Bruders. Ich höre, daß die anderen aufgestanden sind, mache mich schnell fertig, gehe hinunter, wo alle beim Frühstück sitzen. Vater, dem ich so gleiche, daß mich einmal in München fremde Leute auf der Straße fragten, ob ich seine Tochter sei, die kleine blonde Mutter und der um zwölf Jahre ältere Bruder, den ich bewundere, den ich liebe. Die von mir gehaßte Großmutter ist auch dabei, eine uralte Frau, nicht so alt wie ich heute, aber sie ist für mich der Inbegriff des verabscheuten Alters, böse, herrschsüchtig, sich überall einmengend, die Hexe aus dem Märchen; dabei sieht man ihr noch immer an, daß sie einmal ein hübsches, adrettes Mädchen gewesen sein muß. Wenigstens bleibt sie zu Hause, als wir anderen aufbrechen, zu einem unserer großen Spaziergänge. Als wir aus der Haustür treten, gesellt sich die Schnauzerhündin Intschi zu uns, mittelgroß, salz- und pfeffergrau. Sie springt an mir hoch, leckt mir übers Gesicht und trottet hinter uns drein. Wir brauchen uns nicht um sie zu kümmern, sie ist selbständig, wenn es ihr zuviel wird, kehrt sie um und läuft nach Hause zurück. Stetig, nicht zu schnell und nicht zu langsam, gehen wir dahin durch diese Landschaft, die wir so gut kennen, von der wir nie genug kriegen können, über Wiesen, durch Tannen- und Lärchenwälder, auf Sträßchen, Pfaden und dem schmalen Dammweg am Ufer des Flüßchens Weißach. Wir reden und reden, nie gehen die Themen aus, die vom Alltagsklatsch bis zur Philosophie reichen, von den gutschmeckenden Dampfnudeln unserer Köchin Johanna bis zu Plato und Thomas Mann. Die Eltern erzählen aus ihrer Jugend, beide haben schon als Kinder die Ferien hier am See verbracht, zu einer Zeit, in der die Familie mit fünfzig hartgekochten Eiern im Rucksack die Neureuth bestieg, die heutzutage zu unseren Vormittagsspaziergängen gehört. Und daß sie sich als Brautpaar nur in Gegenwart Dritter sehen durften und daß Mutter völlig unaufgeklärt auf die Hochzeitsreise geschickt wurde und daß Großmutter die jung Verheiratete aufhetzte, sie dürfe sich nicht gefallen lassen, daß ihr Mann einmal in der Woche zum Kegeln ging, und daß Mutter sich aufhetzen ließ und eine Szene machte, über die Vater nur lachte, aber dann energisch sagte (und das war er selten), er werde auch künftig kegeln. Und wie Mutter einsah, daß sie eine Dummheit gemacht hatte, und sich dadurch vom Einfluß der Großmutter befreite und zu der selbstbewußten Person wurde, die sie jetzt ist. Dann berichtet Vater von dem Prozeß, den er als Anwalt von Wagners Tochter Isolde gegen das Haus Wahnfried geführt hatte, weil Siegfried, aber auch Cosima um des gleißenden Goldes willen plötzlich behaupteten, daß Isolde Bülows Kind sei. Vater hat den Prozeß verloren, Isolde (eine von Mutters vielen Freundinnen) ist bald darauf gestorben; jetzt bezweifelt niemand mehr, daß sie eine Wagnertochter war.

Pünktlich um zwölf Uhr sind wir wie jeden Tag am

See, um von einem kleinen gemieteten Bootshaus aus zu baden. Ich schwimme weit hinaus, die beiden Männer bleiben nah am Ufer, und Mutter, die sich einen breiten Korkgürtel umgebunden hat, macht nur ein paar Plätscherbewegungen im Wasser.

Um ein Uhr das Mittagessen (wir sind pünktlich, als wären wir eine preußische Offiziersfamilie), wie immer Suppe und Hauptgericht und Nachtisch, auch jetzt in der Nachkriegszeit, nur ist alles ein bißchen einfacher als sonst, vom Zimmermädchen Theres im weißen Schürzchen serviert. Johanna und Theres gehören zu uns, sind lange schon da und bleiben, bis Mutter nach Vaters Tod emigriert.

Nach dem Essen die Siesta, ich liege auf meinem Bett und lese, immer viele Bücher zur gleichen Zeit, eine Eigenheit, die ich nie mehr aufgebe, nur nicht so wahllos wie damals, als ich zwischen Trotzkopf und Nietzsche, Winnetou und Wedekind hin und her wechselte.

Zwischen drei und vier treffen Besuche ein, kommen zu Großmutter und Mutter zum Plaudern, zu Vater zum Bridge oder Skat, ein paar junge Mädchen zu meinem Bruder und zu mir Kinder, mit denen ich entweder Krocket auf der gemähten Wiese oder Boccia auf einem der breiten Kieswege spiele. Zur großen Kaffeetafel treffen sich alle, es gibt Unmengen von Johanna gebackene Kuchen, Zwetschgendatschi und Apfeltorte und englischen Kuchen mit einem so dicken glänzenden Schokoladeguß, wie ich ihn nirgendwo mehr gesehen habe.

Die Gäste sind Christen und Juden, nie wird danach gefragt, nie darüber gesprochen, es spielt keine Rolle. Und wenn sie am Abend fort sind, das kalte Essen vorbei und Großmutter endlich auf ihrem Zimmer ist, lesen wir vier mit verteilten Rollen den Faust. Vater ist Faust und mein Bruder Mephisto, Mutter die Marthe und ich das Gretchen. Während Intschi zusammengerollt auf meinen Füßen liegt, spreche ich mit leichtem Bibber «ach neige, du Schmerzensreiche», emotional und überspannt, wie ich eben bin in dieser Zeit, halte das Reclambändchen in der Hand, aber schaue selten hinein, weil ich nicht nur das Gretchen, sondern beinah den ganzen Faust auswendig kann.

Um neun Uhr gehen wir schlafen, denn wir wollen am nächsten Tag schon um sechs starten, zu einer größeren Bergtour.

Wir lebten während meiner Schulzeit wie auf einer Insel im immer schmutzigeren Meer. Wenn wir nicht hinschauten, sahen wir den Dreck nicht. Wir übten uns in der Kunst des Wegschauens. Merkten vom Antisemitismus nicht viel. Er spielte sich irgendwo weit unter uns ab und betraf, wie wir glaubten, in erster Linie die Ostjuden. (Ein seltsames Schimpfwort, das sich in unsere Herzen gefressen hatte; auch wenn wir es leugneten, fanden wir, daß sie hier nichts zu suchen hatten und uns schadeten, eine Haltung, der wir später durch einen Teil der holländischen Juden, jetzt gegen uns gerichtet, wiederbegegneten.)

Hin und wieder gab es Kränkungen. Mein Bruder und ich wurden von der Sektion München des Alpenvereins nicht aufgenommen, ohne Begründung, aber es war klar, weshalb. Eine Schulkameradin, Tochter eines berühmten Internisten mit vielen jüdischen Patienten, gab eine Einladung, zu der sie die ganze Klasse aufforderte, nur die Jüdinnen nicht. Ich mochte das Mädchen nicht, trotzdem war es ein Schock. Wahrscheinlich der nachhaltigste meiner ganzen Kinderzeit. Das plötzliche Begreifen, daß es Menschen gab, die mich für etwas anderes hielten.

Ich hatte zu Hause bei den Eltern genug Raum zur Schwermut, Todessehnsucht, litt unter meinem Jungsein und liebte es, litt unter dem feudalen Leben und kam trotz meines Sozialismus nicht davon los. Sehnte mich danach, ein Arbeiterkind zu sein, um nicht dauernd an der Glaubwürdigkeit meiner politischen Überzeugung zweifeln zu müssen.

Stellte mir vor, am Fließband zu stehen (die einzige Fabrik, die ich kannte, war die pharmazeutische von Waikis Vater), hielt ein Fläschchen unter einen Hahn, drehte ihn auf, ließ die Flüssigkeit in das Fläschchen laufen, drehte den Hahn wieder zu. Das nächste, das nächste. Den ganzen Tag. Dabei konnte ich an Eigenes denken, mir Geschichten erzählen von Rahel und Ruth, den Vorfahren, von Antigone, der Bewunderten, von Prinzen und Prinzessinnen, die ich mir ausdachte.

Wünschte, der Bürgerlichkeit zu entkommen. Verlobte mich sechzehnjährig mit einem Jungen, der mich faszinierte und abstieß, einem Kunstgeschichtsstudenten, der, wie sich später herausstellte, seine Grafiksammlung in der Staatsbibliothek zusammengestohlen hatte.

Doch was immer ich mir an Absonderlichkeiten ausdachte, wie hoch ich mich verstieg, wie tief ich fiel, da waren sechs Arme, bereit, mich aufzufangen und festzuhalten, bis ich wieder Boden unter den Füßen hatte.

Ich glaube nicht an die Sterne und nicht an Gesundbeten und nicht an Ideologie und an keinen Bhagwan

Monis Jahr in Württemberg ist vorbei. Sie kommt als Verliererin zurück, ist wieder einmal gescheitert. Als sie auf Stellungssuche geht und merkt, wieviel schwieriger alles geworden ist, weil durch die wachsende Arbeitslosigkeit die Psychologen den Heilpädagogen die Plätze wegnehmen, gerät sie ins Schleudern.

Ich bin froh, als meine Tessinzeit gekommen ist und ich wegfahren kann.

Gehe oft mit dem Hund allein in die Berge, bestimme mein eigenes Tempo, die Verbundenheit mit Ruschko ist eng. Er läuft nicht mehr so weit fort wie früher, bleibt in Sichtweite, ich brauche keine Angst um ihn zu haben. Verstehe, was er mir sagt, und er versteht mich.

Fahre mit dem Wagen in Gegenden, die ich nicht kenne, mache keine großen Touren wie mit Hanna, laufe drei oder vier Stunden, mehr sind es fast nie, treffe selten Menschen, was mir nichts ausmacht. Endet ein Pfad im Nichts, was häufig der Fall ist, kehre ich um. Das Ziel ist nicht wichtig, der Weg ist es, das Gehen, das Schauen, Riechen, Hören. Gezanke und Liebesrufe der Eichelhäher, Läuten der

Kuhglocken, von Bienen umsummte Himbeerstauden, Lichtungen, auf denen die Steinhütten stehen, Steine überall, Bäche, aus denen Ruschko trinkt, hin und wieder das ruhige Gleiten einer großen schwarzen Natter und das schnelle Huschen einer kurzen gewürfelten Viper.
Ich schreibe viel, ziehe mich in mein Zimmer zurück, komme gut voran. Manchmal werde ich gefragt, ob ich zufrieden sei. Nicht zu beantworten. Es gibt Tage, an denen ich jedes niedergeschriebene Wort hasse, wo alles auseinanderbricht, der Faden, der gerade noch ganz deutlich vorhanden war, gerissen ist, und es gibt Tage, an denen ich denke: Dies ist gut und jenes, und vielleicht wird es doch ein Ganzes.

Im August ruft Hanna an, sie sei allein, Moni bei einem Kurs für Heilpädagogik in Niederbayern. Ob ich gerade Besuch hätte. Als ich verneine, kommt sie noch am gleichen Abend mit Grigio, bleibt eine Woche. Wir gehen oft in die Pilze, die nach dem regenreichen Sommer früher sind als gewöhnlich. Sie ist bedrückt, ich weiß nicht, warum. Zwischen uns eine gespannte Stimmung. Wenn ich etwas akustisch nicht gleich verstehe, fährt sie mich an, ob ich die Hörgeräte nicht richtig eingestellt hätte. Ihre gereizte Stimme zeigt an, daß meine Schwerhörigkeit nicht zu ertragen sei. Ich erinnere mich, daß sie in einer Zeit, in der ich Angst hatte, taub zu werden – das ist lange vorbei, meine Ohren sind nicht schlechter, die Hörgeräte aber besser geworden –, lachend sagte: Wenn du einmal wirklich nicht mehr hören solltest, schreiben wir alles auf Zettel, das kann ungeheuer lustig werden. Manchmal kommt es mir vor, als habe sie, seit sie unter die Psychologen gegangen ist, vergessen, daß ich so etwas wie eine Seele habe.

Als sie nach einigen Wochen, die sie in München war, zu mir zurückkommt, erschrecke ich, so alt, grau und verfallen sieht sie aus. Was hast du? War die Fahrt schlimm? Sie schüttelt den Kopf, das melierte, zu lange Haar fällt ihr über die Augen. Ich denke, sie sollte einmal wieder zum Friseur gehen, warum läßt sie sich so herunterkommen? Sie holt sich aus dem Eisschrank eine Bierflasche, setzt sich schwer in den Sessel, der ihr gehört, sie hat ihn nach Enzios Tod mitgebracht, zündet sich eine Zigarette an und sagt: Damit du es gleich weißt, ich bin auf der Flucht. Und fängt an zu weinen. Ich habe Hanna ein einziges Mal so weinen sehen, als sie mit Enzio gebrochen hatte und auch mit den Worten «ich bin auf der Flucht» zu mir gekommen war. Es war ein Dauerweinen gewesen damals, bei Tag und bei Nacht, um drei Uhr am Morgen kam sie heulend in mein Zimmer, und weil sie vor Kälte zitterte, stand ich auf und machte ihr Tee. Es wurde ihr wärmer, doch sie schluchzte weiter. Wir gingen spazieren, ich hörte sie hinter mir schniefen, wir setzten uns auf die Stufen eines Rusticos. Da heulte sie los: Rustico, das war Enzio, ihr gemeinsames Leben.

Dieselben Worte, dasselbe Weinen. Aber es geht schneller vorüber diesmal, und ich erfahre endlich, was los ist. Moni war bei keinem Kurs für Heilpädagogik – Verschweigetechnik, seit je von Hanna geübt –, sondern bei den Bhagwanleuten. Zu den Orangenen mußt du, das soll ganz toll sein, hat eine Freundin der verzweifelt eine Stellung Suchenden geraten. Ein Strohhalm, an den sie sich klammerte. Als sie sich für das Meeting einschrieb, wußten weder sie noch Hanna, was das war, Bhagwan und die Orangenen. Hielten es für eine Art Selbsterfahrungsgruppe. Selbsterfahrung, ein Wort wie Sesam, das die Tür zu den verschlossenen Schätzen öffnet. Am Anfang ein paar Telefongespräche nach Hause. Es sei schrecklich, das halte sie nicht aus, noch ein oder zwei Tage, dann haue sie ab. Aber dann hat sie es doch ausgehalten, ist bis zum Ende geblieben und eines Tages vor Hanna gestanden, in einem wallenden orangenen Kleid (sie, die nie etwas anderes als Hosen getragen hatte), mit einer Holzperlenkette um den Hals, an der ein Medaillon mit dem Foto des Bhagwan hing. Und jetzt spielte sie mit dem Gedanken, zu dem Meister nach Indien zu gehen.
Gerade weil ich sie erlebt habe, die Anziehungskraft des Ostens und die Unmöglichkeit, ihn zu verstehen in seiner Mischung aus Vernunft und Aberglauben, und weil ich mich an die jungen Süchtigen in Leh erinnere und daran, daß ich dachte: das sind andere, sind Fremde, nicht Menschen, wie ich sie kenne, reagiere ich ungläubig. Warum gerade Moni, die

doch nicht mehr ganz jung ist? Während ich überlege, daß sie die Verantwortung wohl satt haben wird, die Suche nach einer Stelle, den Beruf, der sie überfordert, wahrscheinlich auch Hanna, sage ich: Das kann nicht sein. – Warum sollte es nicht sein können? Wenn ich dir doch gerade erzähle, daß es so ist. – Von was will sie dort leben? – Es ist ja klar, daß du zuerst an Geld denkst. – Ja, ich denke an Geld. Es ist notwendig. – Für dich. – Nicht nur für mich. Für jeden. – Wir sind gereizt. Sie wird schon genug haben. Und wenn es aus ist, muß sie eben verhungern. – Ist es denn ganz unmöglich für sie, in Deutschland eine Stellung zu finden? – Ich glaube nicht, daß sie das noch will. Im übrigen hat sie eine. Hanna erzählt, daß Moni seit kurzem als Erzieherin an einer Schule für sprachgestörte Kinder angestellt ist, nur halbtags zu arbeiten braucht, bei guter Bezahlung. Aber sie ist nur ein paar Tage hingegangen. Dann hat sie sich krankschreiben lassen.

Ich weiß, daß Hanna mich jetzt spießig und angepaßt und kapitalistisch findet, weil ich nicht mag, wenn ein gesunder Mensch sich krankschreiben läßt.

Wir gehen uns aus dem Weg. Ich mache meine Spaziergänge allein mit den beiden Hunden, meistens aber kehrt Grigio nach einigen Minuten um und läuft zu Hanna zurück. Sie bleibt zu Hause und hat aufgehört zu sprechen, auch wenn ich da bin; macht den Eindruck eines Menschen, der meditiert, Bhagwan könnte zufrieden sein. Das geht so eine Woche, dann sagt sie eines Morgens, wie aus tiefem Schlaf aufgetaucht: Moni hat recht, es ist für sie gut, nach Indien zu gehen. Sie möchte, daß ich mitkomme, aber das kann ich nicht. Für mich ist das nichts.

Wir sehen im Fernsehen einen Film über Poona, den Ashram, das Kloster, die Universität, das Psychotherapiezentrum, wie immer man es nennen mag. Ich bin abgestoßen, weil mir vor Menschen graut, die unter einem Kommando stehen. Die hier geraten auf Befehl in Ekstase, erinnern mich an Reichsparteitage und Sportpalast. Wollt ihr die totale Hingabe? Mit verklärten Augen, lachend: Ja. Orangenes Gewoge, geborgtes Glück der Lebensschwachen. Sie schreien, tanzen mit geschlossenen oder verbundenen Augen, schlagen sich selbst, wälzen sich am Boden, bis die Musik allmählich vertropft und alle erschöpft liegenbleiben. Er, der Erleuchtete, ein schöner, kleiner Mann in einem weißen Gewand, mit asketischem Gesicht und den Augen eines schlauen Bauern – eine Mischung, die mich fasziniert –, sagt kein Wort. Aber als er die große Halle verlassen hat, stürzen ein paar der Jünger nach vorne und küssen den Boden, den seine Füße berührten. Verehrung bis zum Exzeß, Selbstaufgabe. Ich starre auf den Bildschirm. Finde es schrecklich. Der Bhagwan, der aus dem Buddhismus kommt, hat die tiefe Beziehung zwischen Guru und Schüler entarten lassen zu einem Massenspektakel, bei dem viele Tausende zu ihm, dem Gott, anbetend aufblicken. Es wird noch eine Therapiegruppe gezeigt, in der nackte und halbnackte Menschen aufeinander einschlagen. Ich will abschalten. Hanna hält mich zurück.

Ich lese alles, was ich in den nächsten Tagen über Bhagwan auftreiben kann. Das Buch von Elten, das Buch des Holländers Jan Foudraine und viele Lectures des Meisters. Je mehr ich lese, desto stärker werden meine Zweifel. Ist er ein Scharlatan? Ist er keiner? Ein Clown? Ein Lügner? Ein Wahrheitsfinder? Einer, der die Sehnsucht der westlichen Jugend nach Transzendenz ausbeutet? Oder erfüllt? Mit schönen Geschichtchen, die er sich irgendwo zusammensucht. Mit derben Witzen. Mit seinem Ziel, die Persönlichkeit auszulöschen und dafür die Erleuchtung zu verheißen. Mit dem Zwang, den er seinen Anhängern auferlegt, und der schwer zu begreifenden Freiwilligkeit, mit der sie sich dem Zwang unterwerfen.
Widersprüche überall. Zum Prinzip erhobene Besitzlosigkeit eines, der im Rolls-Royce spazierenfährt.
Was ist mit dieser Jugend? Warum laufen sie den Heilern nach und den Propheten? War der Schatten Hitlers kleiner als der der Atombomben? Der Welt droht Untergang. Er hat begonnen. Wenn etwas noch helfen könnte, wäre es, Lernfähigkeit zu entwickeln, um die Qualität der Intelligenz zu steigern. Die Intelligenz jedes einzelnen, die Phantasie jedes einzelnen. Aufgeboten, Auswege zu finden.
Ratlos irren sie umher, fühlen sich krank und schreien nach Therapie. Spüren Verlassenheit. War-

ten auf die Schrift an der Wand. Auf den Gott, der sie herausführt aus dem Land der Plagen. Ich verstehe sie nicht, kann den Abgrund zwischen den Generationen nicht überspringen. Glaube nicht an die Sterne und nicht an Gesundbeten und nicht an Ideologie und an keinen Bhagwan.

Trauer überflutet mich. Über die vielen, die es nicht fertigbringen, sich allein zu helfen. Über uns, die wir zum Helfen nicht fähig sind. Über mich. Ich habe mir Moni nicht ausgesucht. Sie ist ein Mensch, den ich mir nicht ausgesucht hätte. Das Leben hat sie in meine Nähe geworfen. Und ich habe nichts daraus gemacht.

Habe ich mir auch nur einen Augenblick lang Mühe gegeben, mit ihr zu reden? Hör mir zu, Moni, gesagt, hör mir endlich zu? Oder, was wichtiger gewesen wäre, ihr zugehört? Statt ihren Marxismus und ihre Astrologie einfach wegzulachen. Statt sie hineinlaufen zu lassen in die Netze eines Seelenfängers, der Ergebung fordert und Selbstaufgabe.

Du bist bereit, dich auszuliefern, Monika. Das hältst du für deine Rettung. Mit dem Namen fängt es an. Du wirst bald nicht mehr Moni heißen, sondern Ma Sowieso.

Ich mußte einmal meinen Namen hergeben. In meiner Schublade liegt noch der gefälschte Personalausweis, den ich bei mir trug, als ich untergetaucht war. Auf den Allerweltsnamen Marie Dreiser ausgestellt. Schon vorher hatten die Nazis mich gezwungen, den Namen Sarah vor den meinen zu setzen. Sarah und

Ma. Raub der Individualität. Aufgehen in der Masse. Damit ich dich besser fressen kann.

Zum erstenmal, seit wir zusammen wohnen, erzählt mir Hanna von dem, was sie nur einmal angedeutet hat in dem ersten Telefongespräch, als sie mich fragte, ob ich nach München kommen wolle. Erzählt mir von Monis Jugend, von der Mutter, die sagte: Ich habe nur einen Sohn, keine Tochter. Die das Kind schlug. Vom Bruder, der der Mutter nachäffte. Von der Verzweiflung der Neunjährigen, die, in die Schweiz geschickt, sich ausgestoßen fühlte, obwohl sie es gut dort hatte. Die sich heulend vor Heimweh verkroch, wenn sie ein Auto mit deutschem Kennzeichen sah. Von den Hilferufen, auf die nichts geschah, weil niemand da war, der sie hörte. Dem Mißerfolg im Beruf, der Bindungslosigkeit. 1968 eine kurze Phase des Auflebens. Plötzlich ist sie in einem Kreis von Intellektuellen, läuft mit bei Demonstrationen, einem Ostermarsch nach Bonn, schließt Freundschaften, hockt bei Diskussionen dabei. Aber ebenso schnell, wie es entstanden ist, verpufft das Feuerwerk, und nichts bleibt übrig.

Bevor sie zu den Orangenen ging, wollte sie eine Analyse anfangen bei einer Frau, die sie sich ausgesucht, zu der sie Vertrauen hatte. Aber die hatte keine Zeit, sagte: In einem Jahr oder frühestens in einem halben. Immer das gleiche, ewige Wiederholung der Abweisung.

Wir hätten Mutter und Großmutter für sie sein sollen, sagt Hanna. Ich protestiere: Ich bin keine Großmutter. Wollte nie eine sein. Die ungeeignetste Rolle für mich. Meine Großmutter hat alles dazu getan, mir die gute Kindheit zu verderben. Der einzige Mensch, den ich haßte.

Utopie:
Wir sind eine Familie. Eine Familie, die aus drei Frauen besteht. Ohne Männer geht alles harmonischer, hat das Barmädchen in Pontresina gesagt. Frauen fordern nicht. Befehlen nicht. Kennen ihren Platz im Leben. Gut, ich bin die Großmutter. Nicht gerade eine, die Strümpfe strickt und Deckchen häkelt, doch eine, die erzählt. Aus ihrem reichen, aus ihrem armen Leben. Tochter und Enkelin hören mir zu. Sind traurig mit mir. Sind glücklich mit mir. Betteln um meine Geschichten. Altern ist schön. Ohne Spannungen, ohne Begierden, nur noch das Mögliche wollen. Das Mögliche, das immer schmaler, immer tiefer wird. Bis eines Tages nur noch Tiefe sein wird, in die ich gleite, von zwei Menschen, die mich lieben, umsorgt.

Nach vierzehn Tagen des Schweigens ruft Moni Hanna im Tessin an, telefoniert, viermal, fünfmal, bei Tag, aber vor allem bei Nacht, um zwei Uhr, um drei Uhr, sagt, sie könne nicht weiter, wisse nicht, ob sie wirklich nach Indien wolle, sie sei auf dem Todestrip. Die vielen Tausende, die in der Schouwburg an mir vorbeizogen, auf einem «Todestrip», in die Vernichtung zu den Verbrennungsöfen, ins Nichts. Alte und Junge, Kranke, Gesunde, Menschen, die alle gern lebten, die mit ihrem Leben zurechtkamen, aus dem sie herausgerissen wurden.

Ich bemühe mich, Monis Verzweiflung ernst zu nehmen. Aber auch Ernstnehmen ist in Grade eingeteilt. Die nach Auschwitz Deportierten stehen ganz oben auf der Skala und Moni unten. Dagegen ist nichts zu machen.

Ich protestiere nicht, als Hanna sagt, sie müsse jetzt heim, nach München zurück, sie wisse ja nicht einmal, ob sie Moni noch lebend anträfe.

Der Schleier zerreißt

Vergangenheit: ausgelöst durch das Modewort «Todestrip». Meine Vergangenheit, die niemals ganz wirklich gewesen ist, die ich erlebte wie unter vielen Schleiern, gedämpft die Geräusche, Gerüche, die verwischten Gestalten, das eintönige: Schreiben Sie, Mevrouw, ich brauche dringend einen Wintermantel von zu Hause, meine Kopfwehtabletten und den Teddybär für mein Kind. Und das: Sie haben es hier gut, Mevrouw, beim Jüdischen Rat, Sie brauchen nicht weg. Und das: Sie glauben doch auch, Mevrouw, daß der Krieg bald zu Ende ist und daß ich aus Polen zurückkomme? Ich nickte und sagte ja, immer nur ja, obwohl ich kein Wort davon glaubte, nicht, daß der Jüdische Rat mich schützen würde, und nicht, daß der Mensch, der vor meiner Schreibmaschine stand, die geringste Chance hatte, Holland wiederzusehen. Ich sagte auch nicht, daß ich gar nicht vorhanden war, daß man mich totgeschlagen hatte in Mauthausen, gemeinsam mit Waiki, dem Geliebten, und daß meine Kraft nicht ausreiche, mir fremdes Schicksal zu Herzen gehen zu lassen. Tote trauern nicht. Außer Mauthausen existierte nichts in der Welt.

Manchmal dachte ich, daß ich eine Tarnkappe trüge,

die mich beschützte, weil alles, auch das eigene Verschicktwerden, mir so ungeheuer gleichgültig war. Nachträglich weiß ich, daß die Tarnkappe nicht nur aus Gleichgültigkeit bestand, sondern auch aus dem Blut meiner Wunde. Wahrscheinlich roch ich nach dem verfluchten Ort, war unberührbar geworden. Es gab Situationen, in denen die Todesgefahr ganz nah rückte, weil ich mir durch irgend etwas den Unwillen eines SS-Mannes zugezogen hatte, doch jedesmal kam ich ungeschoren davon. Schließlich entwickelte ich trotz meiner Versteinerung den Willen zum Widerstand, den einzigen, den ich noch leisten konnte: Meine Feinde wollten mich umbringen, und ich sagte: nein. Dennoch war es ein Wunder, daß ich durchkam.

Bei meiner passiven, nicht nein- und nicht jasagenden Mutter war es ein größeres Wunder: Auch in der Nacht der letzten Razzia, in der die in Amsterdam noch übrigen zweitausend Juden geholt wurden, blieb sie unbehelligt.

Sie hatte aus ihrer Wohnung ausziehen müssen ins Ghetto, das kein ganz richtiges Ghetto war, denn es wohnten vereinzelt noch Christen dort. Die Juden wußten, daß Razzia war, hatten gepackt und saßen wartend herum. Meine Mutter, sehr mutig und kaltblütig, was zum Teil Phantasielosigkeit war, lag im Bett, weil sie sich sagte, wenn ich schon in ein Lager muß – wobei sie sich bestimmt nicht vorstellte, was ein Lager bedeutete –, habe ich auch nichts davon, unausgeschlafen dorthin zu kommen. Als zwei Poli-

zisten des Sicherheitsdienstes bei ihr klingelten, irgendwann tief in der Nacht, schlüpfte sie in ihren schwarzseidenen indischen Morgenrock, stand klein, zart, blond, blauäugig unter der Tür und sagte: Die Herren wünschen? Die Herren wußten offensichtlich selbst nicht genau, was sie wollten, fragten nur, ob sie allein hier wohne, was sie bejahte, und ob sich im Haus in den anderen Stockwerken Juden befänden, worauf sie sagte, daß sie das nicht wisse, obwohl sie es natürlich wußte, worauf die beiden sich höflich für die Störung entschuldigten und meinten, sie solle schnell wieder schlafen gehen. Ohne sich ihren Personalausweis mit dem J darauf zeigen zu lassen, verschwanden sie.
Ich habe oft darüber nachgedacht, wie das möglich war. Zwar sah sie nicht jüdisch aus, kein bißchen, aber genügte das? Vielleicht mußte einer von ihnen an seine eigene Mutter denken, aber beide? Vielleicht hatten sie das Judenholen einfach satt. Doch sie waren deutsche Polizisten im Dienst.

Zeit des Wahnsinns auf beiden Seiten. Das gibt es nicht, das kann nicht sein. Doch es war möglich, immer, zu allen Zeiten, und wird dauern, solange es Menschen gibt. Die Juden, während ihrer ganzen Geschichte dazu verurteilt, sich töten zu lassen, töten selbst. Der Blutrausch wächst mit den sich steigernden Möglichkeiten der Waffen. Die Auschwitzkinder sind zum Volk geworden und laufen Amok. Wischen die Schande der Väter fort, die wie Lämmer zur

Schlachtbank gingen, und tauchen in die größere Schande ein, der Welt zu zeigen, daß sie so gute Mörder wie die anderen sind.
Jude, das ist: Leiden zu ertragen, nicht Leiden zuzufügen. Legitimer Feind jeder Gewalt zu sein.
Waiki war Hitlers legitimer Feind.

Auf der von Heydrich verschickten Einladung zur Wannseekonferenz, bei der die «Endlösung» der Judenfrage festgelegt wurde, stand: Mit anschließendem Essen.
Obwohl ich mir nie vorgestellt habe, daß die Mörder im dunklen Anzug an diesem Tag fasteten, glaubte ich, als ich den Einladungstext zufällig in einem Buch entdeckte, in einen Abgrund zu fallen.

Wir waren wahnsinnig und im Wahnsinn normal, was den Wahnsinn steigerte. Auf dem Nullpunkt angelangt, gab es noch immer: das tut man, das tut man nicht. Dieses idiotische Man-Denken mit dem schielenden Blick nach oben, als sei die Todesgefahr etwas Vorübergehendes. Würden wir sie nur in unserem gewohnten Stil überstehen, liefe alles weiter wie bisher. Meine Mutter tauchte bei einer Bauernfamilie unter, die neun Kinder hatte. Und für die elf Personen gab es nur eine einzige Zahnbürste. Das kränkte ihre geheimrätlichen Gefühle, sie schickte eines der Kinder ins Dorf, um elf neue Zahnbürsten zu kaufen. Auch brachte sie der Familie bei, daß man sich nicht nur einmal in der Woche, sondern jeden Tag von

Kopf bis Fuß wäscht und daß man sich nicht mit dem gleichen Hemd, das man am Tag trägt, ins Bett legt. Erst als sie das erreicht hatte, war sie zufrieden. Hygiene muß sein. Das bürgerliche Leben. Wir haben es nicht verlassen, konnten es gar nicht. Solange wir in Wohnungen saßen, war das Grauen, der Dreck, in dem unseresgleichen verkam, nicht existent. Es hat sich nichts geändert, weder für die Deutschen noch für die Juden. Vergessen, verdrängen, nicht erinnert werden, nichts gelernt haben. Der Wahnsinn eine Episode. Die ihn überlebten, machen weiter im alten Trott.

Ich versuche oft, mich zu befreien. Manchmal gelingt es, meistens nicht. Der Triumph des «Man tut es». Wie meine Mutter finde ich – natürlich –, daß es gut ist, eine Zahnbürste zu haben. Aber anzuerkennen, daß einer, der keine hat, genauso ein Mensch ist wie ich, ist schwer.

Das zu praktizieren, wäre ein Anfang. Umlernen, umdenken. Ich glaube nicht, daß ich es schaffe. Dem einen Wahnsinn entronnen, dem nächsten ausgeliefert.

Abschiednehmen

Auf der Fahrt nach München fürchte ich mich vor der Begegnung mit Moni. Bei einer Fernsehdiskussion habe ich die Arroganz der Sannyasins erlebt. Aber sie ist nicht arrogant, sondern ein armes, verwirrtes Geschöpf, das manchmal – nicht immer, denn in Wirklichkeit hat sie Angst, sich damit zu zeigen – in irgend etwas unsäglich Orangenes gekleidet ist. An einem Tag sagt sie siegessicher: Jetzt, da ich nach Poona gehe. Und am nächsten: Ich weiß nicht, ob ich's tue. Sie klammert sich an Hanna, und wenn ich früher oft den Eindruck hatte, daß Hanna Moni die Luft nahm, ist es nun umgekehrt. Hanna hat tiefe Ringe unter den Augen, klagt mir gelegentlich, daß sie die Nächte hindurch aufbleibe, um Moni Gesellschaft zu leisten. Weil ich Hanna entlasten will, spielen wir jeden Abend Skat. Ich darf ihr nicht zeigen, daß ich es ihr zuliebe tue, sie würde mich sofort belehren, daß es Selbsttäuschung sei, jemandem etwas zuliebe zu tun, ich spielte doch gern und machte mir selbst etwas vor. Aber das stimmt nicht, spielen in dieser hysterischen Atmosphäre macht mir kein bißchen Freude. Sie merkt nicht, soll es auch nicht merken, daß ich allen Freunden gegenüber Ausreden gebrauche, wenn sie sich mit mir verabreden wollen.

Ich schiebe Arbeit vor oder Kopfschmerzen oder Unsinn wie den, daß der Hund plötzlich nicht alleinbleiben wolle. Und nach einiger Zeit fragt mich keiner mehr, ob ich mich mit ihm treffen möchte. So etwas geht schnell, du willst nicht, bist abgemeldet, wir kommen auch ohne dich aus.
Am Skattisch hören wir zuweilen auf zu spielen und sprechen über Bhagwan, über den Hanna noch mehr gelesen hat als ich. Sie findet ihn beeindruckend, und ich frage mich, ob nicht sie es ist, die sich da etwas vormacht, meine gescheite Hanna, die über dem Denken manchmal die Welt vergißt. Ich scheue mich, vor Moni meine Zweifel auszusprechen, sie offen anzugreifen, und ärgere mich deswegen über mich. Würde sie wirklich an Poona glauben, könnten ihr meine Bedenken nichts anhaben, aber sie ist völlig verunsichert, weiß nicht ein noch aus.
Einmal fragt sie, was Gerd, der Neurologe, dazu meine, daß sie nach Indien will. Ich fühle mich provoziert und bin endlich imstande, die Wahrheit zu sagen: Gerd hält genausowenig von Bhagwan wie ich. – Sofort werden ihre Augen böse, und sie antwortet mit schriller Stimme, daß Bhagwan für Menschen wie Gerd und mich unverständlich bleiben müsse, für Kapitalisten, die von sich selbst überzeugt sind. Und dann wird ihre Stimme noch schriller und höher, ist nahe daran, sich zu überschlagen: Sie reden immer von Bhagwan. Wer ist Bhagwan? Ich kenne keinen Bhagwan. Ich bin Bhagwan. – So gut hat sie ihre Lektion schon gelernt. Ich nehme die Karten

auf und sage: Achtzehn, zwanzig ... Sie wirft die ihren auf den Tisch, steht auf und läuft aus dem Zimmer.

Sie geht, geht nicht, geht. Zählt es an den Knöpfen ab, befragt ihr Horoskop, nur Marx ist endgültig aus dem Rennen. Jede Woche ein- oder zweimal besucht sie eine abendliche Zusammenkunft der Orangenen, berichtet, daß da Spitzel vom Bundesnachrichtendienst herumsäßen, auch knacke es jetzt immer verdächtig im Telefon – eine internationale Verschwörung der Mächtigen gegen Moni ist im Gang –, sie sei in der Falle, man werde sie nicht nach Indien ausreisen lassen, und eine Stellung in Deutschland könne sie ohnehin nicht mehr finden. Tut so, als ob sie nicht eine hätte, vor der sie sich drückt. Ist immer noch krankgeschrieben. Wenn ein Arzt sagt, jetzt sei es aber zu lang, rennt sie zum nächsten mit einem anderen Leiden. Ist auf der Flucht, vor der Bindung an Hanna, vor der Verantwortung, der Entscheidung. Sie geht nicht, meine ich, doch Hanna sagt: Sie geht. Und fügt traurig hinzu: Fändest du es besser, sie würde in der Psychiatrie oder in der Isar landen? – Natürlich nicht. – Laß sie doch glücklich sein. – Ich sage nicht, daß ich es ein falsches Glück fände, weil es ein falsches Glück ja nicht geben kann. Für mich ist Bindung Glück, für Moni nicht. Soll sie doch bei ihrem Bhagwan glücklich sein. Nur kotzt es mich an, wenn sie unaufhörlich sagt: Ich habe nie gelebt bis jetzt, jetzt lebe ich.

Eine Sannyasin, die schon in Poona war, ist bei Moni zu Gast. Eine schöne, junge, elegante Person. Ihre dunkelorangene Hose ist raffiniert zur hellorangenen Bluse und dem roten Schal abgestimmt. Sie ist Modeentwerferin, doch hat sie ihre Stellung gekündigt, um für ganz nach Poona zu gehen. Weil bei der alle drei Monate fälligen Verlängerung des Visums immer größere Schwierigkeiten entstehen, hat sie einen Engländer geheiratet. Als englische Staatsbürgerin kann sie zeitlich unbegrenzt in Indien bleiben. Ihre Augen haben einen feuchten Glanz, wenn sie von Bhagwan spricht, und da sie von nichts anderem redet, sieht es aus, als würde sie dauernd weinen. Einen Monat hält er seine Lectures auf englisch, den nächsten auf hindi, erzählt sie. Sie sprechen hindi? frage ich. Nein, antwortet sie arrogant, natürlich nicht. Niemand im Ashram spricht es, außer den wenigen Indern. Es ist nicht nötig, Bhagwans Worte zu verstehen. Seine message kommt dennoch an.

Moni schreibt einen Brief an ihre Schule, daß sie nach der halbjährigen Probezeit nicht mehr zur Verfügung stehe. Einfach so, als habe sie je zur Verfügung gestanden. Ich denke, die werden froh sein. Außer in den ersten Tagen war sie pausenlos krankgeschrieben. Aber siehe: es gibt auch Menschlichkeit in der bayerischen Bürokratie. Der Schulleiter ruft sie an, er habe den Eindruck, es gehe ihr nicht gut, er wolle gern einmal kommen, um alles zu besprechen. In ein paar Tagen werde er sich wieder melden. Seitdem nimmt sie den Hörer nicht ab: Glücklicherweise habe ich es nicht mehr nötig, mich von Institutionen ausnützen zu lassen.

Eine meiner Freundinnen, die gerade in Analyse ist, sagt: Wenn alle Menschen in die Analyse gingen, wäre die Welt schnell in Ordnung. Es gäbe keine Kriege mehr und keine Unterdrückung
und die Sannyasins sagen: Wenn alle Menschen Sannyas nähmen, bräche ein goldenes Zeitalter an
und der Pfarrer sagt: Wenn alle Menschen gute Christen wären ...
aber es gehen nicht alle Menschen in die Analyse. Es nehmen nicht alle Menschen Sannyas. Es sind nicht alle Menschen gute Christen
es gibt Gewalt und Haß, Unterdrückung, Folter, Gemetzel, Kriege. Es gibt Menschen, die verhungern, es gibt eine Erde, die am Schmutz und dem Abfall der Technik erstickt, es gibt nicht eine Wahrheit, doch viele Ideologien.

Moni verkauft ihre Sachen. Alles. Hausrat, Bücher, Möbel, Kleider. Gibt Annoncen auf, feilscht mit den Käufern um ein paar Mark. Sie braucht Geld, ist auf dem Weg zu einem Mann, der sich selbst zum Gott ernannt hat, dem nur die als Jünger genehm sind, die bezahlen können. Wenn sie nichts mehr haben, hilft ihnen kein Gott und hilft ihnen kein Bhagwan. Moni stellt sich vor die Mensa, wo sie vor allem ihre Psychologiebücher reißend los wird. Es gehört nicht viel

Phantasie dazu, um zu wissen, wie gern Hanna die hätte. Aber Moni denkt gar nicht daran, sie wegzuschenken, Dankbarkeit oder gar Bindung zu zeigen. Jetzt ist sie an der Reihe, es ist ihre Stunde, sie plustert das schwache Ich auf, als sei es Gott weiß was. Schaut her, ein Mensch, der den Mut hat, nach Indien zu gehen, zu einem Erleuchteten, sein Glanz färbt auf mich ab, bald werde ich zu seinen Füßen sitzen, von ihm berührt werden und die Eintrittskarte ins Paradies in der Tasche haben.

Hanna behält recht, Moni geht. Die Abreise ist auf den 2. Januar festgesetzt. Moni tauscht das Flugticket um für den 9. und dann noch einmal für den 16. Genießt sie die Spannung? Weiß sie wirklich nicht, ob sie fort will? So viele Verwirrungen. Gelächter und Tränen. Freude und Angst. Zärtlichkeit zu Grigio und: der dreckige Hund.
Ich habe ihr einen Seesack gekauft, den ich auf großen Reisen praktischer finde als einen Koffer. Hanna hat aus dem in Monis Zimmer herrschenden Chaos das absolut Notwendige herausgesucht und in ihm verstaut. Fertig gepackt steht er in meinem Flur. Ruschko beriecht ihn voll Mißtrauen, schaut mich ängstlich an: Läßt du mich wieder allein? Nein, sage ich, ich bleibe bei dir. Ich habe das gute Gefühl, daß Bei-Ruschko-bleiben besser als jede Reise ist. Trotzdem weiß ich, daß ich wieder fortgehen werde. Es ist eine Sucht. Noch immer. Dazu verdammt, denen, die wir lieben, weh zu tun. Um unserer sogenannten Be-

dürfnisse willen. Mit Ausreden eingedeckt: Ruschko hat mehr von mir, wenn ich zufrieden bin. Oder: Ich kann eines Hundes wegen nicht mein Leben aufgeben. Oder: Dann ist er eben ein paar Wochen unglücklich, das bin ich auch manchmal.
Hanna sehe ich kaum in diesen letzten Tagen. Was wird aus uns beiden jetzt? Gibt es «uns beide» noch? Hat es «uns beide» je gegeben?
Ihr neuer Mensch steht ante portas. Eine Zweisamkeit kündigt sich an. Wo ein Mann im Spiel ist, habe ich nichts zu suchen.
Er ist jung, sieht gut aus. Ich öffne ihm, Monis Bruder, ebenso dunkel wie sie blond, oft die Tür. Dann bedankt er sich liebenswürdig, als mache es ihm Freude, mich zu sehen. Er hält einen Strauß Blumen in der Hand. Ich habe noch nie erlebt, daß jemand Hanna Blumen bringt.

Warum lasse ich Moni ziehen? Was geht sie mich an? Bin ich ihr Hüter? Ist es nicht ganz schön, sie loszuwerden? Wäre es mir lieber, wenn sie bliebe? Das weiche Gefühl in den Knien, wenn ein Mensch etwas tut, das wir für falsch halten. Jetzt ist alles zu spät. Der Seesack wird nicht wieder ausgepackt. Moni, die alle Institutionen fürchtet – und die alles, was sie fürchtet, als Institution bezeichnet –, überläßt sich einer autoritären Institution, die angesiedelt im Niemandsland zwischen Ost und West, dahintreibend im Meer, es ihren Anhängern unmöglich macht, je wieder an Land zu kommen.

Ein Freund holt sie gegen Abend ab, um sie zum Flugplatz zu bringen. Ich umarme sie und sage sinnlos: Komm bald wieder.
Hanna steht neben der Tür mit unbewegtem Gesicht, nickt Moni wortlos zu, ohne sie zu berühren. Als die beiden fort sind, sagt sie: Ich besaufe mich.
Bleib da, bitte ich. Sie nickt, holt sich eine Einkaufstasche voll Bierflaschen aus dem Keller und setzt sich in mein Wohnzimmer. Ich will mich auch betrinken, nicht aus Kummer um Moni, sondern weil ich den Wunsch habe, Hanna näher zu sein. Ein Nüchterner muß dem Besoffenen als Monster vorkommen. Ganz schnell schütte ich fünf oder sechs Gläser Whisky in mich hinein. Alles beginnt sich vor meinen Augen zu drehen.
Wir sitzen uns gegenüber, zwei Frauen, von denen eine einen Menschen verloren hat und die andere einen Zustand. Die Jahre hier im Haus waren schwierig für mich, ganz sicher nicht schön, doch lehrreich. Ich lernte bescheidener zu sein, nicht zu fordern. Sah mich in zwei Spiegeln, in denen ich mich bald von vorn, bald von hinten, einmal in die Länge, einmal in die Breite, zum Lachen, zum Weinen verzerrt fand. Und bin doch unter den grotesken Bildern meiner wahren Gestalt langsam nähergekommen. Das schmerzt und ist nützlich, läßt mich begreifen, daß ich ungestützt stehen kann. Fördert Selbstbewußtsein und Kreativität. Ich schreibe mehr und intensiver, als ich je schrieb. So hätte es meinetwegen weitergehen können, noch lang. Alte Menschen

mögen keine Veränderungen. Unsere immer schwächer gewordene Gemeinschaft ist zu Ende. Nie wird es wieder, wie es war.
Draußen ist Nacht. Unsere Gefühle werden stärker, wacher, Raubtiere, auf Beute aus, fähig, Dinge besser zu sehen als am Tag. Ich wünschte mir, daß Hanna reden könnte, aber sie sagt, leicht lallend, mit müden Augen und willenlos herabhängender Unterlippe, den graumelierten Kopf auf den Tisch gelegt, nichts anderes als den Satz: Mein Engel fliegt. Sagt ihn immer wieder im Lauf der Nacht. Stößt ihn heraus in dumpfer Verzweiflung, von Stunde zu Stunde unverständlicher, bis es schließlich nur noch Vokale sind: ei-e-e-ie.
Ich kann nicht helfen. Hilfe, Freundschaft, alles Illusion. In der Dunkelheit brechen die Wahnvorstellungen zusammen, daß einer etwas vom anderen weiß. Diese Hanna, die sich langsam vor meinen versoffenen Blicken auflöst, im Nebel verschwindet, mit der ich für mich wichtige Erlebnisse teilte, Reisen, Bergtouren, unzählige Gespräche, der ich vertraute, die ich nahe glaubte, ist ein ganz und gar fremder Mensch.

Kurz nach Monis Abreise ist mein Buch fertig. Entstanden in einer Zeit, in der ich oft dachte, es nicht mehr auszuhalten. Aus Schmerz, Zorn und Trauer ist eine Produktivität entstanden, die mich glücklich macht. Das Buch handelt vom Altwerden und vom Krieg, von der Verfolgung – dem Thema meines

Lebens, im Grunde gibt es kein anderes, die Verstörung sitzt tief, auch dann, wenn ich nicht darüber spreche, nicht einmal daran denke, ist sie da, im Wachen, im Schlaf –, das Buch handelt von Antigone, der Prinzessin von Theben, dem Ödipuskind, das sterben mußte, weil es den Mut hatte, nein zu sagen. Gefährtin vieler Jahre, meine Schwester, schon lange bevor ich Hanna traf. Welche Bewandtnis hat es mit meiner Schwesternsehnsucht, daß ich mir die eine neu erschuf – der Jungfraun herrlichste Natur, wie Hölderlin sie nennt – und sie für mich zum Leben brachte in Phantasie und Traum. Daß ich die andere wählte aus allen Menschen und mit ihr ein großes Stück des Wegs gegangen bin? Ist es das schlechte Gewissen gegen die leibliche Schwester, die früh Verstorbene, deren Tod ich mein Leben verdanke? Wollte ich gutmachen, was nicht gutzumachen war? Ich, der Ersatz, bei der Mutter das verklärte Bild nie erreichend, schaffte das schwierige Leben, das sie, die Schöne, Sanfte, nicht geschafft hatte. Schuldgefühle, von den Eltern übernommen? Siebenjährig war sie an einer mir niemals deutlich gewordenen Krankheit gestorben. Die Eltern schwiegen. Über den Tod eines Kindes spricht man nicht, Wunden reißt man nicht auf. Warum denn nicht? Taucht hier nicht, harmloser, derselbe Verdrängungsmechanismus auf, der den Kindern das Versagen der Eltern während der Nazizeit verschweigt? Verdrängung eines Kindersterbens, warum? Bruchstücke nur erfuhr ich: ein operierter Blinddarm, der eigentlich gesund war,

Kunstfehler der Ärzte, die zu belangen gewesen wären, jedoch, weil man so etwas nicht tut, nicht belangt wurden. Auch von einem Kinderfräulein ging das Gerücht, das in Abwesenheit der Eltern dem über Bauchschmerzen klagenden Kind so viele Schlaftabletten gegeben hatte, daß die Symptome verwischt wurden. Die Abwesenheit der Eltern – wieso abwesend? wohin gereist? zu welchem Zweck? –, das wird es gewesen sein, das ein offenes Wort nicht zuließ.

Ich wuchs allein auf. Mein Bruder, fast zwölf Jahre älter, zählte erst, als ich, schon beinah erwachsen und er aus dem Krieg längst wieder zu Hause, ihn heftig zu lieben begann. Vielleicht wurde Antigone meine Schwester, weil auch sie ihren Bruder so liebte. Bei Hanna ist es klar: die einzige von Hitler Kaputtgemachte, die ich im Nachkriegsdeutschland traf, mußte meine Schwester werden.

Ich lege das Manuskript vom Tisch auf die Kommode, von der Kommode auf den Tisch. Bin froh, daß es fertig ist, und unglücklich, daß es den Traum, der dem Schreiben voranging, nicht erreichte. Befinde mich in dem merkwürdigen Stadium zwischen Erfüllung und Leere. Etwas ist aus mir herausgefallen, und jetzt ist es fort. Ich weiß nicht, ob ich Hanna in unserer Fremdheit um ein Lektorat bitten soll, aber weiß sicher, daß ich das Manuskript ohne ihre Kritik keinem Verlag anbieten werde.

Dann frage ich doch: Willst du? Und sie will, wie sie

immer gewollt hat, wenn es um eine gemeinsame Arbeit ging. Für ein paar Wochen ziehen wir uns zurück, sitzen uns wieder an meinem großen Tisch gegenüber, nüchtern, konzentriert, alles, was von außen kommt, wird ferngehalten. Hanna hat Gespür für jeden falschen Ton, streicht, stellt um und sagt manchmal: Das stimmt psychologisch nicht. Die Psychologie bekommt einen neuen Stellenwert, ich lerne sie zu gebrauchen, ohne jede Verkrampfung. Wir sind ernst bei der Sache, aber lachen auch oft, es ist eine gute Zeit für uns beide. Die letzte gemeinsame? Vielleicht. Vielleicht auch nicht.

Hanna geht mit Thomas zum Skilaufen. Grigio, der krank ist, bleibt bei mir. Er hat Zucker, trinkt unmäßig viel, sein Bauch ist angeschwollen. Nach zwei Wochen, in denen es ihm relativ gut gegangen ist, bekommt er Fieber, hört auf zu pinkeln, geht torkelnd über den Schnee und fällt um. Ich fahre mit ihm zum Tierarzt. Hoffe, der wird ihn einschläfern. Aber der junge Assistent drückt sich vor einer Entscheidung. Sein Chef ist verreist und die Besitzerin des Hundes auch, das macht ihn unsicher. Es sieht nicht gut aus, sagt er, doch ich spritze noch einmal Insulin. Vielleicht hilft es.
Wir wissen beide, daß es keine Hilfe mehr gibt, aber tun, als hielten wir es für möglich. Schauen aneinander vorbei, schämen uns, weil wir nicht einmal vor dem kleinen Hund das uns anerzogene Lügen lassen können.

In der Nacht stirbt Grigio, dämmert ruhig hinüber. Ich hocke vor seinem Korb, habe seinen Kopf auf meinen Arm gelegt und beobachte ihn, traurig, fasziniert. Sein Atem wird flacher, ist so wenig mehr vorhanden, daß ich mir nicht sicher bin, ob noch Leben da ist. Aber als sich die Oberlippe in die Höhe zieht und die Zähne zu sehen sind, weiß ich, daß er tot ist. Ich trage ihn in seinem Korb vom Wohnzimmer in die Küche und öffne das Fenster.

Morgen früh werde ich ihn in eine Decke packen und wegbringen. Dann muß ich Hanna anrufen, die übermorgen zurückkommen will. Es geht nicht an, daß sie an der Haustür erfährt, es gibt den Hund nicht mehr.

Vielleicht würde sie auf der Stelle umkehren, in ihren R4 steigen und wegfahren. Auch mit dem lebenden Grigio wollte sie fort. Ohne Monika ist die Wohngemeinschaft aufgelöst. Sie war für drei gedacht, nicht für zwei. Sobald ich aus dem Engadin zurück bin, packe ich meine Sachen und gehe. – Wohin? – Das ist mein Bier. Irgendeine Bude werde ich schon finden, wo ich mit dem Hund bleiben kann. Ich habe Verzweiflung signalisiert. Daß ich alleingelassen werden soll. Hanna zuckte die Schultern: Dein Bier, wie du damit fertig wirst. Doch ist es nicht ausgeschlossen, daß sie bleibt. Bei Hanna ist nie etwas ausgeschlossen.

Ich denke die ganze Nacht: Ist Grigio wirklich tot? Niemand außer mir hat ihn gesehen. Manchmal stehe ich auf, gehe in die Küche. Er liegt bewegungslos in

seinem Korb. Doch die Frage, ob er tot ist, quält mich weiter.
Am Morgen lasse ich Ruschko in die Küche. Er drängt sich an mich, wendet den Kopf ab, geht gleich wieder hinaus. Ohne einen Blick auf Grigio zu werfen. Bleibt vor der Tür stehen mit eingezogenem Schwanz.
Ich hole eine Decke, breite sie aus, kippe Grigio hinein. Erschrecke, weil er steif ist. Daran habe ich nicht gedacht. Ich schlage die Decke um ihn, verschnüre ihn wie ein Paket mit einem Strick, zum Schluß wickle ich noch seine Leine herum und ziehe sie fest.
Dann fahre ich ihn in den Schlachthof zu dem Tor, neben dem «Tierkörperverwertung» steht. Ein Mann mit einer Art Soldatenmütze kommt heraus. Haben Sie ein totes Tier? – Einen Hund. Er nimmt mir das Paket ab. Wollen Sie die Decke wieder mitnehmen? Ich schüttle den Kopf. Auf der Heimfahrt wieder der Gedanke: Ist er tot? Ist er wirklich tot? Die Steifheit beweist es. Ruschkos sonderbares Verhalten. Doch gleich darauf wieder: Ist er tot?
Zu Hause das Telefongespräch mit Hanna. Ich muß dir etwas Schlimmes sagen. Grigio ist tot. – Ach, du Arme. Daß er gerade jetzt gestorben ist. Aber ich beneide dich, daß du dabeisein konntest. Ich setze zu einem längeren Bericht über die Todesnacht an, sie unterbricht mich: Das kannst du mir später einmal erzählen, jetzt möchte ich mich mit dir darüber unterhalten, was für ein großartiger Hund er war. Und wir

reden und reden über Grigio, bis wir am Ende beide weinen.

Hanna kommt zurück und macht ihre Drohung auszuziehen nicht wahr. Wohnt weiter oben, arbeitet mit Thomas an dem, von dem ich nicht weiß, was es werden soll, von dem sie es vielleicht selbst nicht wissen. Er bleibt oft über Nacht. Für mich ist Hanna kaum mehr vorhanden.

Mein Buch wird angenommen, erscheint und hat Erfolg. Kurz darauf breche ich mir das Handgelenk, bleibe zu Hause, habe eine Atempause und tauche immer tiefer ein in die Vergangenheit. Als ich wieder schreiben, wieder chauffieren, mich wieder frei bewegen kann, verändert sich langsam mein Leben. Ich lerne neue Menschen kennen, fahre zu Lesungen, bekomme zustimmende Briefe von Unbekannten, auch meine früheren Bücher werden neu verlegt. Oft stehe ich im Mittelpunkt und genieße das, dem ich mein Leben lang aus dem Weg gegangen bin. Aus dem Weg gegangen? War es nicht eher unerreichbar? Doch warum? Angst vor dem Mißerfolg? Vor der Berührung? Angst, sich zu bekennen? So viele Ängste und keine Zweifel. So viel Unnötiges und das Nötige nicht. Ich brauchte lange Zeit, bis ich reif dafür war, meine Trauer, die Wirklichkeit meines Lebens, auszudrücken, sie zu benennen und zu fassen, damit sie mitschwingt auch da, wo ich Freude, wo ich Glück fühle. Hanna hat mir die Ängste genommen und mich das Zweifeln gelehrt. Das Zweifeln, das frei macht zur Trauer. Immer hatte ich meiner Mutter geglaubt, die mir nichts zutraute. Das ist vorbei. Möglicherweise hätte früher Erfolg mich eitel und ehrgeizig gemacht, möglicherweise war es auch das, was ich nicht wollte. Eitelkeit und Ehrgeiz sind nicht mehr wichtig. Ganz wichtig ist nichts mehr.

Der späte Erfolg tut gut. Der späte Erfolg tut weh. Der Preis war zu hoch. Ich bin ein Zeuge. Nichts anderes. Als Zeuge muß ich aussagen. Dieser Wunsch, dieser Zwang hat mir die Kraft gegeben durchzuhalten. Viele Jahre lang wollte es niemand hören. Das ist anders geworden. Eine Welle des Wissenwollens brandet hoch. Die junge Generation, die mich durch ihren Egoismus so oft erschreckt, ist neugierig auf das Leben anderer geworden. Ich biete an: meine Geschichte. Ich habe einen Geliebten durch Mord verloren, habe Tausende an mir vorbei in die Vernichtung ziehen sehen, bin alt geworden. Das ist alles. Nicht mehr, nicht weniger. Mögen andere schweigen, ich muß reden. Nicht um der Toten willen, es geht mir um die Lebenden.

Einmal war ich in einer Buchhandlung in Amsterdams Beethovenstraat, um meine Bücher zu signieren. Der Straße, in der ich einst gewohnt hatte, gegenüber der Ecke Euterpestraat, die jetzt Gerrit van der Veenstraat heißt nach einem Widerstandskämpfer, weil der alte Name beschmutzt war durch die Gestapo, die dort ihr Hauptquartier hatte. An dieser Ecke war Waiki festgenommen worden. Die

Menschen drängten sich vor dem Tisch, an dem ich saß, ich schrieb und schrieb meinen Namen, Waikis Namen. Ein Mann legte mir ein Mäppchen mit Fotos hin, die ich gemacht hatte, als er ein Kind war, eine Frau eine Postkarte, die meine Mutter an sie geschrieben hatte, andere brachten mir Blumen, erzählten, daß auch sie in dieser Straße wohnten.

Ich stehe neben dem Tisch und schaue hinüber auf unsere Wohnung, in der ich Waiki zum letztenmal umarme. Aus der ich an einem Septemberabend fortgehe, ohne zu wissen, daß es für immer ist; ich habe Dienst in der Schouwburg. Auch wir vom Jüdischen Rat dürfen sie nicht mehr verlassen, sind Gefangene, bestimmt zum Abtransport. Ich flüchte durch den Gang, der zum Bühnenausgang führt, und tauche unter.

Ich saß am Tisch, schrieb meinen Namen in viele Bücher, lächelte und plauderte – ich stehe neben dem Tisch und weine.

Verrückte Stunde, verrücktes Leben, einundvierzig Jahre vergangen und nicht vergangen, heute und damals, damals und heute, Untergang und Erfolg, Traum und Wirklichkeit, nicht zu unterscheiden.

Nicht lange nach dem Krieg waren Urs und ich sehr glückliche, sehr aufregende Jahre in Berlin. Die Mauer gab es noch nicht, an den Litfaßsäulen klebte ein Plakat, auf dem die Theaterspielpläne der ganzen Stadt gemeinsam angezeigt waren. Nach den Premieren saß man in der östlichen Möve oder dem west-

lichen Kempinski zusammen, redete über Brecht oder Zuckmayer, als ob das dasselbe wäre, und tat, als gehöre man noch zusammen, wenn schon durch nichts anderes als durch die Sprache. Kommunisten und Kommunistenfresser an einem Tisch.
Ich schrieb ein bißchen, übersetzte für einen DDR-Verlag, der mein erstes Buch herausgebracht hatte, machte den Haushalt und war im übrigen Chauffeur von Urs, der selbst nicht fuhr. Wenn er schlechte Laune hatte, wenn eine Probe schiefgelaufen war, machte er mich verantwortlich. Einmal sagte er zornig, ich kennte nur Menschen, die von ihm kämen. Gereizt gab ich zur Antwort: Woher sonst nehmen? Willst du, daß ich mich unter den Bülowbogen zu den Huren stelle, um Bekanntschaften zu machen? Darauf lachten wir beide, die Sache war abgetan.
Das erzähle ich Hanna. Einer meiner vergeblichen Versuche, ein Gespräch in Gang zu bringen. Sie lacht nicht, legt die Stirn in Falten: Und jetzt stehst du unter dem Bülowbogen und verkaufst dich. Nicht deinen Korper, doch dein Ich mit Haut und Haar und deiner Seele dazu. – Ich tue nichts anderes, als was alle Schreibenden tun. – Laß mich mit «allen» in Ruh. Die sind mir gleichgültig. Bei dir geht es mich etwas an.

Ab und zu bekommt Hanna Briefe von Moni. Ich erfahre nur, daß es ihr gutgeht und daß sie glücklich ist. Einmal auch: Sie wohnt in einem billigen Hotel – drei Mark pro Tag für das Zimmer, das sie mit einer anderen Sannyasin teilt –, wo es während des Monsuns hereinregnet und ihr nachts die Ratten übers Gesicht laufen. Auch hat sie wochenlang hohes Fieber gehabt. Doch der Bhagwan ist nah.

Vor ein paar Jahren spürte ich auf einem steilen Bergweg im Tessin plötzlich mein rechtes Sprunggelenk. So etwas kann vorkommen, ich habe neue Schuhe an, natürlich, die sind's, ich hätte sie im Tal erproben sollen. Kein Gedanke kommt auf, daß dieser kleine Schmerz mir langsam die Bewegungsfreiheit, die Lust am Gehen nehmen wird. Der Arzt stellt eine Arthrose fest, sagt: Wenn Sie jünger wären, würde ich Ihnen zu einer Operation raten. – Geht das jetzt nicht mehr? frage ich erstaunt. Er kneift die Augen zusammen, schaut mich abschätzend an: So viel Umstände. Ich muß lachen, denke leichtsinnig, daß ich einen ähnlichen Schmerz schon einmal im Knie hatte, der schnell wieder aufhörte. Aber das Sprunggelenk ist obstinat, schmerzt weiter, manchmal nur wenig, manchmal bohrend, zuerst nur bergab, dann in der Ebene, zuletzt auch beim Steigen. In Nepal spüre ich nichts; ist es die andere Luft, die andere Nahrung, die Erregung über das Fremde? Hängt auch der im Röntgenbild so deutlich erkennbare Verschleiß von der Psyche ab? Neue Erfahrungen, dagegen ankämpfen, mit dem Wissen, daß ich diesen Kampf verliere. Als ich jetzt im Herbst nach München zurückkomme, fängt die linke Hüfte an, mir weh zu tun. Treppensteigen wird schwierig, ich ziehe mich am Geländer hinauf. Was tut's, meine Wohnungen sind beide im Parterre. Bloß nicht aufgeben. Fangopackungen, Ultrakurzwellen, Injektionen helfen wenig. Schmerzmittel werden zur Selbstverständlichkeit.

Zur gleichen Zeit wird Ruschko krank. Auch er hat eine Arthrose, im Rückgrat. Beim Laufen verschiebt sich sein ganzes Hinterteil. Was hat der Hund? fragen die Leute unterwegs. Er ist alt. – Ja mei, da kann man nichts machen. Nein, da kann man nichts machen. Bei ihm nicht, bei mir nicht. Wir schleichen dahin, mein weißer Schatten und ich, nah zusammen, damit wir uns nicht verlieren. Jeder muß so sehr auf sich aufpassen, daß er auf den anderen nicht achten kann.

Als ich von einer dreitägigen Lesereise zurückkomme und Hanna mich am Bahnhof abholt, sagt sie: Der Hund leidet. Ich an deiner Stelle würde nicht mehr lange warten und Schluß machen. Mehr kann ich nicht mit ihr darüber reden. Sooft ich es versuche, weicht sie aus.

Als ich vor elf Jahren, nachdem mein Münsterländer im Tessin verschwunden war, ohne Zweifel umgebracht von irgendeinem Nachbarn, dem er ein Huhn oder ein Kaninchen totgebissen hatte, keinen Hund mehr wollte, erzählte mir Hanna, daß es in ihrem Haus einen Dalmatiner gäbe, der gefalle ihr besonders gut. Und in immer kleineren Abständen sprach sie von diesem Hund, wie drollig und schön er sei,

wie zärtlich und wachsam, bis ich soweit war, daß ich mich auf die Suche nach einem Dalmatiner machte. Als ich ihn fand und mit ihr gemeinsam Ruschko aus seinem Zwinger holte und ihr auf der Fahrt ins Tessin vorwarf, sie habe mir lange nichts von ihrem Nachbarshund erzählt, lachte sie: Das ist nicht mehr nötig. Den Hund habe ich erfunden, um dir den Mund wäßrig zu machen. Und heute kann ich nicht einmal mit ihr die Entscheidung besprechen, wann es Zeit ist, den Hund zu töten.
Seine Krankheit verschlimmert sich, er leidet unter einem ständigen Juckreiz, kratzt sich fürchterlich, die Innenseiten seiner Oberschenkel bluten. Dann fängt er an, harte Kotballen ins Zimmer abzusetzen.
Gegen das Jucken gebe ich ihm Spritzen, ohne daß es besser wird. Den Kot wickle ich in Papier und spüle ihn im Klo hinunter.
Wann muß es sein? Jetzt? Ist es schon zu spät? Noch zu früh? Ich sage mir: Wenn er nicht mehr gehen mag. Mag ich selbst noch gehen? Jeder Schritt tut weh. Habe ich deswegen auch nur einen Augenblick daran gedacht, mit mir Schluß zu machen?
Ein Hund ist kein Mensch. Er ist ein Tier, das Todesangst kennt, aber nicht den Tod. Ich schlafe unruhig, verkrampft. Draußen liegt hoher Schnee, den ich einmal geliebt habe, der mir nur noch zuwider ist.

Der Bhagwan ist fort aus Poona. Steuerflüchtig oder ein besseres Klima suchend, hat er seine Jünger im Stich gelassen. Doch die meisten sagen: Jetzt fängt alles erst richtig an. Moni fährt nach Ladakh, nach Nepal, wohnt bei Einheimischen, lebt im Monat von hundert Mark. Schreibt noch immer, daß sie glücklich ist.

Ich stelle sie mir vor, wie sie allein dort ist, wo ich mit Freunden war, wo wir uns wohlfühlten und viel lachten, ein volles Programm hatten, jeden Abend ein Dach über dem Kopf, jeden Tag unsere Mahlzeiten vorgesetzt bekamen, betreut und verwöhnt wurden und wußten, daß wir bald wieder daheim sein würden. Wie Moni bei Menschen wohnt, deren Sprache sie nicht spricht, wie sie nur hin und wieder ein paar englische Sätze mit Touristen wechselt, sich Unterkunft besorgen muß und Nahrung, wie lang ein planloser Tag ist und wie schwer Entschlüsse zu fassen sind, allein, immerzu allein.

Mitleid, Bewunderung, Staunen, doch hinter das Geheimnis ihres Glückes komme ich nicht.

Ich bin das junge Mädchen nicht gewesen, wegen dem Hanna nach München zog. Ich bin die Zwanzigjährige nicht gewesen, als die ich mich so oft fühlte. Ich habe immer vom Alter gesprochen, aber im Tiefsten geglaubt, daß es für mich nicht besteht. Ein Privileg, immer wieder ein Privileg habe ich gewollt. Eine Extrawurst aus der himmlischen Küche. Ich war kühn genug, sehr spät noch einmal den Traum zu träumen, in einer Gemeinschaft leben zu können, gleichgestellt, integriert. Die Nebel haben sich gelichtet. Das brutale Erwachen – alt und allein.

Gestern schon kehrte Ruschko nach wenigen Schritten um. Heute weigert er sich, den Garten zu verlassen. Die mir selbst gesetzte Frist ist um. Ich gebe ihm zu fressen, das freut ihn noch immer. Dann helfe ich ihm, in den Wagen zu steigen.

Warum weine ich nicht? Schweigend erledige ich das, was sein muß. Das habe ich gelernt. Das kann ich.

Der Arzt wirft nur einen Blick auf Ruschko: Ja, es ist Zeit. Hebt ihn auf den Tisch, bindet die Vene ab, fängt an zu spritzen. Noch während der Injektion fällt Ruschkos Kopf auf die Seite. Der Doktor holt sein Stethoskop: Keine Herztöne mehr.

Danke, sage ich und: Er war mein letzter. – Das soll man nie sagen, meint der Arzt und schaut mich besorgt an: Fahren Sie vorsichtig. Kommen Sie gut nach Hause.

Ich fahre vorsichtig, komme gut nach Hause. Von einem Glück, von einer Last befreit. Wer keinen Schatten mehr hat, wird leichter sterben.

Ich esse mit Hanna zu Abend. Sie hat gekocht, zeigt Teilnahme. Wir reden eine Stunde lang, über Hunde, den strengen Winter, über Reparaturen, die im Haus fällig sind. Dann gehen wir auseinander, jede zu ihrem eigenen Fernsehen.

Noch einmal Antigone

Meine mir ungleiche, meine große Schwester. Ich habe schreibend versucht, dich umzubringen. Es ist mißlungen. Gleich deinem Liebhaber-Gott Dionysos, der stirbt und aufersteht, kehrst du vom Tode zurück in ewigem Kreislauf. Noch immer trägst du das gelbe Kleid, das deine braune Haut noch brauner und deine schwarzen Haare noch schwärzer macht. Bist jung und schön. Meine Geliebte. Ohne die für mich die Welt sehr viel schwerer zu ertragen wäre. Dein Glanz, der Glanz deiner Tat, das Licht des Neinsagens strahlt bis zu den Menschen, die mit ihren Aggressionen nicht fertig werden, von ihren Ideologien nicht loskommen.

Du hattest keine. Einen toten Bruder zu begraben, gegen den sinnlosen, bösartigen Befehl eines, der die Macht hat und sie mißbraucht, verlangt nichts, als was das Wort Moral ausdrückt, das Erkennen dessen, was gut ist und was böse.

Ich habe in unserer langen Gemeinsamkeit manchmal, am meisten aber als ich über dich schrieb, gewisse Eigenschaften bei dir gefürchtet, die dich zur Eiferin hätten machen können. Diese Angst ist verschwunden. Du hast das Notwendige getan, das Gerechte, du ganz allein, ohne den Wunsch nach Nach-

folge. Du wolltest keine Schwesternschaft gründen und keine Leichen-müssen-begraben-werden-Vereinigung, keine Revolution anzetteln, keine neue Religion stiften. Du hast nicht einmal versucht, Kriege, die du verabscheutest wie jeder Vernünftige, zu verhindern. Der, in dem dir alles genommen wurde, war vorbei, ob es weiterhin Kriege geben würde, stand nicht in deiner Macht.
Von Zeit zu Zeit spiele ich ein Spiel, in dem ich mir ausmale, was aus dir geworden wäre, wenn Kreon dich am Leben gelassen hätte. Die Chance dazu war nicht groß. Doch angenommen, du wärest durch das Netz geschlüpft wie ich, deren Tod ja gleichfalls beschlossene Sache war.
In meinem Spiel bist du alt, so alt wie ich. Erst mußtest du fliehen, nach Kreons Tod aber bist du nach Theben zurückgekehrt. Dein Leben ist «normal» verlaufen als Prinzessin oder Bürgerin, das spielt keine Rolle, verheiratet oder nicht, Kinder oder keine, jedenfalls friedlich, in bescheidenem Wohlstand, bei guter Gesundheit, mit allen Annehmlichkeiten einer Privilegierten. Du warst von den Thebanern wohlgelitten, eine der ihren.
An das dir einmal bestimmte Felsengrab, an das gräßliche langsame Sterben, dem du entkommen bist, denkst du kaum. Niemand spricht mehr von dieser unter Kreon oft praktizierten Hinrichtungsart. Es gibt im Rechtsstaat Theben keine Todesstrafe mehr. Niemand will an die blutige Vergangenheit erinnert werden. Aber plötzlich – du bist schon sehr alt –

reden sie wieder darüber. Der Anlaß ist vielleicht ein Theaterstück – keines von Sophokles oder einem anderen der großen Dichter –, ein triviales, verkitschtes, geschöntes, von einem drittklassigen Gebrauchsschreiber, das die Herzen durch seine Direktheit mehr ergreift als alle überhöhte Poesie. Es setzt das lang zurückgedrängte Wissen um vergangenes Morden frei, man spricht darüber, in den Familien, den Cafés, auf der Straße, den Sportplätzen, in den Geschäften, an den Brunnen. Andere Theaterstücke folgen, Tanzdarbietungen, Epen. Du kannst dem nicht entgehen, mußt hinsehen, hinhören und hast doch das Gefühl, daß alle davon reden, wie Menschen, die nie betroffen waren. Nur du, die auch nur beinah im Felsengrab Umgekommene, weißt Bescheid. Du wirst krank an deiner Vergangenheit, bist den Erinnerungen hilflos ausgeliefert.

Als du damals von Kreon zum Tode verurteilt warst, ist keiner für dich eingetreten, kein Thebaner war bereit, den Tyrannen daran zu hindern, dich auszulöschen. Auch die nicht mit ihm einverstanden waren, hüteten sich, wollten sich nicht deinetwegen in Gefahr bringen.

Trotzdem bist du nach Theben zurückgekehrt – es ist deine Stadt – und hast deinen Mitbürgern ihr Verhalten nicht nachgetragen.

Du magst sie, die auch nicht verdorbener sind als andere, weil sie deine Sprache reden, weil der gleiche Himmel sich über dir und ihnen wölbt, die gleichen Bäume um euch wachsen, die gleichen Wasser euch

umströmen. Du hast dir deine Freunde aus ihnen gewählt. Die Zeit, die du in der Fremde, bei den Hirten und Fischern, bei König Theseus warst, ist lange vorbei, du denkst nur noch selten daran, fühlst dich wieder daheim in Theben.
Nun aber geschieht etwas Merkwürdiges, das du selbst nicht verstehst. Seitdem sie so viel über das Felsengrab reden, haben sie sich, statt dir näherzukommen, weiter von dir entfernt. Du bist für sie ein Fall geworden. Sie fordern dich auf, über deine Gedanken zu berichten, als du den Tod vor Augen hattest. So, als ob sich das mitteilen ließe. Ihr Interesse ist echt, sie haben Mitleid mit dir, daran zweifelst du nicht. Doch du magst nicht reden. Du kannst nicht. Vielleicht wäre es für dich möglich gewesen zu schreiben. Aber daß ein Mensch über sich selbst schreibt, war noch nicht erfunden. Dafür hast du zu früh gelebt. Deine Geschichte zwingt dich, ununterbrochen an das Felsengrab zu denken. Wenn du das Wort Durst hörst oder das Wort Wein oder das Wort Ersticken oder wenn einer sagt, die Luft wäre modrig oder wie schön die Sonne heute scheine oder wie dunkel die Nacht sei, oder wenn du erfährst, daß ein Mensch mißhandelt wurde, oder wenn du eine gute Mahlzeit zu dir nimmst oder …
Du leidest. Zuweilen denkst du daran, den aufgeschobenen Selbstmord auszuführen. Doch du, die sich früher so leicht mit Entschlüssen tat, die kühn war und unbedingt, schiebst ihn immer wieder hinaus.

Eines Tages stirbst du. Die Ärzte wissen genau, an welchen Krankheiten – bei sehr alten Menschen kommen meist viele zusammen. Aber das Felsengrab, an dem du in Wahrheit zugrunde gehst, ist nicht dabei.

O Antigone. Die mir Gebliebene. Sei bei mir, wenn ich sterbe, an einem Tumor, einem Herzinfarkt, irgendeiner lateinisch benannten Krankheit, die sich gut und gelehrt ausnimmt auf einem Totenschein. Was sollte der Standesbeamte damit anfangen, wenn Morbus Auschwitz darauf stünde? Davon hat er noch nie gehört.

Über die Jahrtausende hinweg, die sind wie ein Wimpernschlag, stehe mir bei.

Hannelies Taschau

Landfriede

Roman
248 Seiten. Gebunden 28.80

Doppelleben

Gedichte
104 Seiten. Gebunden 18.80

Erfinder des Glücks

Roman
220 Seiten. Gebunden 28.80

«Gegen unsere bis zur Leblosigkeit vorentschiedene Welt, in der alles, die Dinge ebenso wie die Empfindungen und Beziehungen tatsächlich existierender Personen, seinen unverrückbaren Platz hat, gegen diese abgerichtete Welt schreibt Hannelies Taschau an.»

Der Spiegel

Christine Wolter

Stückweise leben

Roman
203 Seiten. Gebunden 26.80

Die Alleinseglerin

Roman
190 Seiten. Gebunden 26.80

«Christine Wolter ist keine Autorin, die lauthals ausruft, worauf es ihr ankommt. Sie hat ihren eigenen, eher leisen, aber durchaus intensiven Ton gefunden. Sie lärmt nicht ..., aber noch in ihren scheinbar nebensächlichsten Beobachtungen teilt sie Dinge mit, die von Bedeutung sind...»

Süddeutscher Rundfunk

Benziger